A PILHA
DE AREIA

A PILHA
DE ARE
MONIC
BAUMG
DE BOL

COLEÇÃO A PILHA DE AREIA
MONICA DE BOLLE

A TUDO ARRASTA E PERDE ESSE INFALÍVEL
FIO SUTIL DE AREIA NUMEROSA.
NÃO VOU SALVAR-ME EU, FORTUITA COISA
DE TEMPO, QUE É MATÉRIA PERECÍVEL.

"O RELÓGIO DE AREIA",
JORGE LUIS BORGES

A TUDO AQUILO A QUE NOS SUGE, NÃO IMPÕE
DO SENTIR DE AREIA MOVEDIÇA,
UM VEÍCULO DE TUDO E DE UMA COISA
DO TEMPO QUE É MATÉRIA PERCEPTÍVEL.

CLAUDIO DE MELLO
ALFREDO VOLPI (?)

INTRODUÇÃO
O VALOR DO JUÍZO 13

1 **CRISES E DOGMAS: REFLEXÕES SOBRE RUPTURA** 23

2 **PANDEMIA E ECONOMIA: O QUE É PRECISO SABER** 45

3 **PRIMEIRO A SAÚDE, DEPOIS A ECONOMIA** 63

4 **O QUE É RENDA BÁSICA** 77

5 **E OS TRIBUTOS?** 87

6 **O QUE É DEFLAÇÃO?** 95

7 **O QUE É MOEDA? O GOVERNO DEVE IMPRIMIR DINHEIRO?** 109

8 **REDUÇÃO DE SALÁRIOS? A MP Nº 936 E O BRASIL NA CONTRAMÃO DO MUNDO** 125

9 **A COMPRA DE TÍTULOS PELO BACEN: O QUE É PRECISO ENTENDER** 135

10 **QUARENTENAS INTERMITENTES E RECONVERSÃO INDUSTRIAL** 161

11 **O BNDES E A TLP EM TEMPOS DE PANDEMIA** 177

12   DA RESPONSABILIDADE FISCAL À SEGURANÇA FISCAL: UMA CONVERSA COM ÉLIDA GRAZIANE 189

13   O GOVERNO DEVE VENDER RESERVAS INTERNACIONAIS PARA FINANCIAR OS GASTOS COM A CRISE? 219

14   A CRISE E A REFORMULAÇÃO DA POLÍTICA MACROECONÔMICA 229

15   O "NOVO NORMAL" – PARTE 1: BENS PÚBLICOS 241

16   O "NOVO NORMAL" – PARTE 2: A NECESSIDADE DO INVESTIMENTO PÚBLICO 253

17   COMO OS BANCOS PÚBLICOS PODEM AJUDAR? 261

18   MONETIZAÇÃO DE DÍVIDAS? 269

19   PERGUNTAS E RESPOSTAS 283

20   A PILHA DE AREIA 299

O VALOR DO JUÍZO

A economia é uma disciplina que nasceu da filosofia moral. Em *A teoria dos sentimentos morais*, Adam Smith delineou os pilares éticos, comportamentais e metodológicos que influenciariam toda a sua obra, inclusive *A riqueza das nações*. Desse seu livro nasceu a economia política, que mais tarde passaria a ser apenas economia. Hoje uma ciência social aplicada, a economia tem, assim, uma longa história intelectual, que elabora sobre a sua dimensão normativa e não lhe sobrepõe nem a dimensão positiva nem as práticas positivistas adotadas atualmente em seu ensino. Alunos de economia há muito não são estimulados a pensar sobre valores nem a formular e pôr em debate os próprios juízos, quando confrontados com diferentes escolhas de política econômica. Não por acaso, quando discutem o tema as mais novas gerações de economistas costumam se ater a análises rígidas de custo--benefício, a métodos estritamente quantitativos que não tornam suas proposições necessariamente mais rigorosas—o efeito pode até ser o contrário. A crise humanitária decorrente da pandemia de Covid-19, doença causada pelo novo coronavírus, o SARS-CoV-2, põe em evidência essa grave deficiência da economia moderna.

É comum ver economistas—não só no Brasil—dizerem que não cabe a eles considerar questões normativas nas discussões. Esse tipo de construção retórica sustenta a ficção de que a boa prática profissional impõe uma alienação em relação a valores. O que é correto, o que é justo, o que é desejável é então negligenciado em prol de análises do tipo "vale a pena ou não?", "quanto custa?", "qual o ganho?", entendendo-se por "ganho" uma recompensa monetária. Essa maneira de tratar a disciplina a empobrece e a torna enfadonha.

Em contrapartida, pessoas leigas em economia—que compõem a maior parte da sociedade—costumam perguntar se aquilo que leem nas páginas dos jornais é justo ou correto. "É justo que o valor da minha aposentadoria seja reduzido?"; "É correto que eu tenha de trabalhar mais tempo para poder me aposentar?"; "É desejável que empregos sejam mantidos à custa de reduções de salários?". Economistas não só não costumam ter respostas para essas perguntas, como, muitas vezes, se mostram refratários a elas, ignorando que o público leitor ou ouvinte habita um mundo normativo. Tal postura, naturalmente, afasta a economia da vida das pessoas, ainda que a economia esteja cotidianamente presente.

Hábitos mentais, escoras ao pensamento e alguma dissonância por parte dos economistas em relação ao mundo—entendido aqui tanto como o conjunto de países quanto a realidade que nos cerca—tornaram-se mais flagrantes com a chegada do novo coronavírus. Isso porque a doença que ele provoca instaurou uma crise humanitária tão inédita, com mortes em massa, que extrapolar a partir do passado se mostra cada dia de menor serventia.

É certo que o caráter de descontinuidade que a pandemia representa na história está em disputa, mas esse caráter me parece evidente já no uso de metáforas de guerra para descrever a situação. Entendo que a analogia entre a pandemia e a guerra se justifica para pensar e representar essa descontinuidade e também facilitar ao público dimensionar a mobilização de recursos necessária para dar conta do desafio que enfrentamos. No mais, ela me parece gerar mais ruídos do que iluminar. Porque o mundo, de modo geral, enfrenta o vírus em uma frente comum: há grupos e lideranças que aparecem como párias nesses esforços em escala global, mas não há propriamente campos opostos, frentes inimigas entre si. Não se trata, em suma, de uma guerra. Os esforços para conter o contágio e enfrentar a Covid-19 são de outra ordem: dizem respeito à relação dos seres humanos entre si e com a natureza, ou, ainda, ao caráter metabólico dos processos produtivos e do consumismo.

Tomo essa distância entre o problema real e a sua representação no debate público como um convite para pensar a utilização da analogia inclusive por políticos quando se dirigem à população. A meu ver, seu uso revela, de partida, uma percepção relativamente compartilhada de que se trata de uma situação disruptiva e para a qual ainda não temos meios próprios para pensar e falar. Não estou propondo, claro, que atiremos fora todo o conhecimento adquirido, e sim que o adotemos com imaginação e rigor.

O uso da imaginação é fundamental, porque a travessia da situação instaurada pela pandemia requer que reconheçamos o novo e nos arrisquemos a pensar sem corrimão, para empregar a bela metáfora consagrada por

Hannah Arendt. Requer, em outras palavras, pensar e avaliar, isto é, considerar meios e fins à luz de valores compartilhados para nos orientarmos na passagem de um mundo, que não existe mais, a outro que pode não vir inteiramente diferente, mas que também não será uma réplica do anterior. Não há como fazer isso sem julgar, sem fazer juízos de valor. E economistas o fazem, mas não são treinados para identificar e explicitar as próprias escolhas dentro das morais prevalecentes na área.

Com a pandemia essa resistência ficou evidente em diferentes momentos, como no debate sobre a renda básica. A adoção dessa medida no Brasil requer um esforço de persuasão em relação à sociedade brasileira, o que implica, primeiramente, convencê-la da justiça e da necessidade da iniciativa. Uma forma de bloquear esse debate é antepor a questão dos meios à da necessidade de custeá-la, e foi para os meios que os economistas rapidamente se empenharam em deslocar essa discussão.

Em junho de 2020, quando a renda básica parecia se mover das margens mais para o centro do debate público brasileiro, economistas que se dispuseram a analisá-la deram a entender que não cabia um julgamento sobre se esses programas são ou não justos. Por serem de natureza redistributiva e encerrarem uma questão de justiça, deveriam ser arbitrados pela política, pelo Congresso Nacional.

É claro que muitas políticas públicas devem ser arbitradas pelo Poder Legislativo: é como funcionam nossos sistemas democráticos. Contudo, essa constatação não exime economistas de explicitarem o juízo de valor que efetivamente fazem sobre a renda básica. É perfeitamente razoável, diria até que esperado, que economistas expliquem à sociedade, sobretudo no papel de intelectuais públicos, por que a renda básica é justa, correta, desejável. Ou, caso tenham visão contrária, por que não é nada disso. Neste momento em que as pessoas estão buscando respostas que vão além daquilo que é mensurável, recolocar valores não quantificáveis no debate econômico é importante não apenas para nortear quem busca orientação, mas também para tornar a economia relevante do ponto de vista de quem é por ela afetado.

Tal fragilidade no pensamento econômico moderno não é compartilhada por economistas de outras gerações. Em sua extensa obra sobre desigualdade, pobreza e desenvolvimento econômico, Amartya Sen, vencedor do Nobel de Economia em 1998, debruçou-se sobre os aspectos normativos da economia, entendendo que eles não eram separáveis de seus objetos de estudo. Albert O. Hirschman, outro grande economista e cientista social, também escrevia seus ensaios com um olhar sobre a ética e os valores de políticas públicas desenhadas para promover o desenvolvimento dos países. Não à toa a obra desses pensadores tem se mostrado instigante para as gerações que os sucederam, provocadora de novas questões e ideias e resistente a tentativas reducionistas. Afinal, onde há juízo de valor não há possibilidade de esquivar-se de pensar, de partir de problemas do mundo para buscar no mundo o sentido daquilo que se propõe.

A pandemia de Covid-19 instaura uma crise humanitária global que assume contornos dramáticos em países marcados pela desigualdade, além de apresentar enormes desafios para a economia como ciência e como prática. Mas também oferece à economia a oportunidade de voltar às suas origens e reaproximar-se das pessoas, que, afinal, são seu objeto de estudo e devem ser suas destinatárias. É um desperdício insistir em reduzi-la a uma linguagem de uso restrito aos tecnocratas, em descrédito mundo afora. Essa redução pode torná-la demasiado envolta em suas próprias questões e, no limite, inútil para o mundo. O que parece escapar é que uma economia voltada para si, por mais rigorosa que seja, está condenada à esterilidade. Isso porque, se a economia é parte do mundo e o mundo precisa do conhecimento econômico, este também precisa das questões que surgem nele e das elaborações de outras disciplinas a respeito, para manter-se capaz de formular as perguntas e, na busca por respondê-las, fazer a ciência avançar.

Este livro nasce de um esforço por olhar o mundo, ou o conjunto de países e seus tomadores de decisão, bem como a vida social, especialmente no Brasil e, em alguma medida, nos Estados Unidos, para tentar entender o que acontece neste momento inédito e poder opinar sobre potenciais cursos de ação. Um aspecto importante a ter em mente é que o esforço de compreensão aqui condensado foi feito em público e com o público, seja em transmissões no meu canal na plataforma YouTube e em interações que se intensificaram ao longo do tempo nesse ambiente, seja em meus artigos semanais para o jornal *O Estado de S. Paulo* e a revista *Época*.

Tomei a prática cotidiana de falar e pensar publicamente sobre economia — a partir de questões reais que interlocutores leigos me propunham — como um convite a reorientar a economia como ciência para o mundo, sem simplificá-la, mas tornando-a inteligível ao público. É uma responsabilidade cívica facilitar para a cidadania brasileira a participação no debate daquilo que interfere na vida das pessoas. Penso que essa intensa jornada ainda me deu a oportunidade de moldar um olhar próprio sobre a economia.

Por que *A pilha de areia*?
Em 1987, três físicos desenvolveram um modelo para entender, entre outras coisas, a dinâmica das avalanches tomando por base a natureza das pilhas de areia. O experimento, conhecido como "modelo de Bak-Tang-Wiesenfeld", utilizava um algoritmo computacional para simular o empilhamento de areia, grão a grão, sobre uma superfície sem ondulações e sem outras características que pudessem influenciar o desmoronamento das pilhas virtuais. Tomava-se como certo que o desmoronamento, ou a avalanche, ocorreria. O objeto de estudo, portanto, não era saber se as pilhas iam desmoronar, e sim descobrir como seu desmoronamento se daria, qual a magnitude das avalanches e o que o padrão de empilhamento de grãos poderia revelar sobre elas.

Os autores concluíram que as pilhas de areia tinham um padrão de desmoronamento imprevisível, isto é, a grandeza da avalanche não podia ser prevista, ainda que sua ocorrência fosse certa. Contudo, a forma como os grãos se organizavam nas diferentes pilhas, embora parecesse aleatória, seguia algo que ficou conhecido como "criticalidade auto-organizada": os grãos se auto-organizavam para alcançar um ponto crítico a partir do qual o desmoronamento, de tamanho incalculável, aconteceria.

Os conceitos de auto-organização, criticalidade, certezas e incertezas ilustrados no estudo canônico dos três físicos que deram os próprios nomes ao modelo (Per Bak, Chao Tang e Kurt Wiesenfeld) são de extrema relevância para o entendimento da pandemia. Há décadas epidemiologistas vêm alertando sobre a certeza de que uma epidemia de grandes proporções — a avalanche — se abateria sobre a humanidade. No entanto, prever o tamanho desse evento e compreender exatamente como cada grão por ele responsável se auto-organizaria para alcançar o ponto crítico era — e continua a ser — algo impossível de saber de antemão.

A pilha de areia nos confronta, assim, com o inevitável imprevisto, com o desconforto de nos descobrirmos pertencentes a um mundo cuja característica mais marcante é a incerteza, com os ciclos infinitos do tempo em que mundos são criados para depois desmoronar. Os físicos demonstraram a essência desses ciclos — a impermanência — com um algoritmo. Jorge Luis Borges fez o mesmo em seus contos e poemas em que a areia se configura como protagonista ubíqua, mesmo quando não é mencionada.

CRISES E DOGMAS:
REFLEXÕES SOBRE RUPTURA

A minha visão sobre economia é diferente da visão que muitos têm da área, principalmente no Brasil. Entendo a economia como um sistema formado por pessoas, e mesmo a disciplina, como uma construção social. É um sistema orgânico, em que os diversos atores econômicos, sejam empresas, governos, consumidores, famílias, investidores, estão entrelaçados. Justo por isso não é de forma alguma estático, e sim dinâmico. Entendendo a economia como um sistema dinâmico, não seria razoável que o meu pensamento econômico, o modo como penso política econômica, fosse estático. Meu pensamento também está em constante fluxo, sujeito a interações e mudanças. Quando as condições do sistema mudam por alguma razão, o meu pensamento a respeito do funcionamento do sistema muda com elas.

Aprendi com a vida a importância de perceber as mudanças e reconsiderar meus pensamentos em função delas desde muito cedo, e por diversas razões. A primeira ruptura que experimentei foi na vida pessoal, aos 18 anos, quando perdi meu pai—economista e inspiração em minha carreira—por um tumor no cérebro, que o levou repentinamente. Essa perda se deu durante minha transição entre a adolescência e a fase adulta, um momento limiar, e me forçou a olhar para o mundo de forma distinta.

Não foi à toa, portanto, que, como economista, decidi dedicar boa parte da vida acadêmica e profissional às crises, às rupturas, às descontinuidades. Meu interesse em entender a natureza e o mecanismo das crises me levou a buscar uma compreensão do funcionamento da economia e a entender que isso significa abrir mão de dogmas, para dar espaço aos mecanismos das crises como objeto do pensamento. Isso porque as crises requerem, necessariamente, um pensar mais fluido, que joga ao mesmo tempo com as circunstâncias e o conhecimento. Situações de crise muitas vezes pedem respostas rápidas e capacidade de enxergar de uma forma mais ampla o que está acontecendo. E isso não é sempre verdade em tempos normais.

A teoria econômica estabelece alguns princípios que tendem a valer em condições normais. Um dos aspectos da vida comum que a pandemia faz pensar, ou olhar criticamente, é a própria ideia de normalidade, o que pode tornar problemático falar em "condições normais". Mas vou me permitir empregar o termo aqui com essa ressalva e em sentido específico, para me referir à vida em condições que não são de crise econômica. Vale em qualquer circunstância? Não. Os livros-textos nos dão orientações sobre certos princípios e possibilidades, contudo, de modo algum nos dão uma noção completa da realidade. Então é preciso saber aplicar à realidade o que se aprendeu, sem jamais negar essa realidade.

Para mim, um defeito da economia atualmente, como ciência e como profissão, refere-se ao fato de ela ter nascido interdisciplinar e humanista. Veio da filosofia e, com o passar do tempo, restringiu-se rigidamente a um determinado modo de atuar, esquecendo-se do ato de pensar. A economia moderna trabalha com o objetivo de elaborar respostas para diferentes problemas, sem, no entanto, reconhecer que algumas dessas supostas soluções nem sempre terão os efeitos desejados.

Ao contrário de outras áreas do conhecimento, a economia se tornou uma ciência muito pouco interdisciplinar. Recentemente isso tem mudado, com a abertura para combinar, por exemplo, economia e psicologia, formando a área da economia comportamental, que é bastante interessante. Mas, de modo geral, no próprio ensino da economia não existe essa abertura. Nele prevalece uma série de reducionismos e crenças que podem tornar os economistas acríticos em relação às suas próprias práticas e ideias, aos limites da disciplina. A partir da necessidade de reduzir a vida social a um de seus aspectos para a produção do conhecimento econômico, alguns economistas creem que esse aspecto destacado tem precedência em relação aos demais.

Esse modo de ver reduz as possibilidades criativas dos seres humanos a comportamentos que podem ser medidos e previstos, tendo como consequência a redução do próprio humano, com fortes suposições sobre aquilo que importa: a sobrevivência, o material. Tudo isso opera transformando pessoas em estatísticas, sistemas complexos em equações lineares, subjetividade em gráficos, sem espaço para a imaginação. A imaginação não é ciência, entende a disciplina — e não é mesmo. Mas a disciplina esquece que a ciência não existiria sem o pensamento e a imaginação. Pois é das perguntas sem respostas — não raro pertinentes a mundos que construímos a partir de estranhos jogos entre o sensível e o cognitivo — que surgem muitos dos questionamentos que fazem a ciência avançar.

Jamais me permiti me disciplinar a ponto de abrir mão de imaginar e (a partir da imaginação) de interagir com outras áreas. Como professora de economia, procuro o conhecimento em outras disciplinas, inclusive nas ciências naturais. Para mim, a economia é uma estrutura que tem mais afinidades com a biologia do que com a física newtoniana clássica, e comento isso porque muitos economistas gostam de se ver como físicos newtonianos. Se tivermos que aproximar a economia da física, acredito que ela estaria muito mais voltada para a física quântica do que para a física newtoniana. Mas ainda prefiro o olhar da biologia. Se a economia funciona como um ecossistema, a minha visão dela mescla ciências naturais e ciências sociais. Essa é a melhor maneira de descrever como a vejo. De todo modo, seja olhando a economia como algo que tenha afinidade com a biologia ou com a física quântica, ela é, para mim, não linear. E, em resposta à percepção do problema que a pandemia representa, eu não sou capaz de desenvolver um pensamento semelhante ao de muitos de meus pares economistas.

Crises também são, por definição, eventos completamente não lineares. São momentos de descontinuidade, se não de ruptura. A linearidade só flui em uma direção, não sofre esses efeitos bruscos, seu funcionamento é suave. Já o mundo é turbulento e coisas inesperadas acontecem. Da mesma forma, a economia é turbulenta e sujeita ao inesperado. Pode surgir, por exemplo, um vírus de um morcego que se ambienta em outra espécie, propaga-se, pula espécies e acaba chegando ao homem, gerando uma pandemia como a que estamos vivendo. Isso é um acontecimento de natureza não linear por definição. Pensar de forma não linear implica largar certos corrimões que dão apoio. Envolve deixar a rigidez de lado e tentar raciocinar de uma maneira mais livre. Envolve usar um pouco a imaginação para conseguir chegar aonde se precisa chegar, pois, quando tentamos linearizar situações não linearizáveis, incorremos em erros graves.

Por que as crises nos pegam tão de surpresa? E por que são muitas vezes um desafio ao nosso entendimento habitual sobre política econômica? No Brasil isso é particularmente verdade, dado o nosso histórico repleto de crises, muitas delas causadas por imprudência nossa — com exceção da crise de 2008 e da que estamos atravessando agora. Como temos essa longa trajetória de imprudência na área macroeconômica, por termos feito más escolhas no passado, certos dogmas parecem ter se enraizado na cabeça das pessoas. E há certa dificuldade em se mover para longe desses dogmas num momento em que o que está acontecendo não tem a ver com desequilíbrios internos, e sim com choques externos.

Isso já diz muito da reação inicial das pessoas no Brasil, e dos economistas em particular, quando a questão da pandemia começou a despontar no mundo. Houve, por exemplo, e ainda há, resistência em se admitir que este não é o momento de se ter muitos cuidados fiscais. Sabemos que responsabilidade fiscal é um valor importante, mas é um valor que, ocasionalmente, precisa ser abandonado em prol de algo maior. E o algo maior agora é salvar vidas, dando mais recursos para o SUS, o Sistema Único de Saúde, dando sustentação econômica às pessoas que precisam, fazendo o que tem que ser feito para proteger os mais vulneráveis.

Em momentos de crise, a nossa maneira de entender o mundo também é colocada à prova. De modo geral,

O ser humano tem uma dificuldade grande de trabalhar com incertezas. Todos nós estamos sentindo isso na pele agora. Incerteza gera ansiedade, gera medo. É compreensível. A nossa tendência natural é fugir da incerteza, é fugir da convivência com esse quadro em que, de repente, nos damos conta de que sabemos pouco sobre quase tudo e temos muita dificuldade de traçar cenários. Tudo isso é verdadeiro no que diz respeito à discussão macroeconômica de modo geral.

A discussão macroeconômica tende a ignorar totalmente as incertezas, a não ser que se esteja em uma crise. Incerteza é algo que você não consegue medir: não há probabilidade nenhuma nela, mas gostaria de demonstrar esse raciocínio usando um dispositivo que considero bastante poderoso.

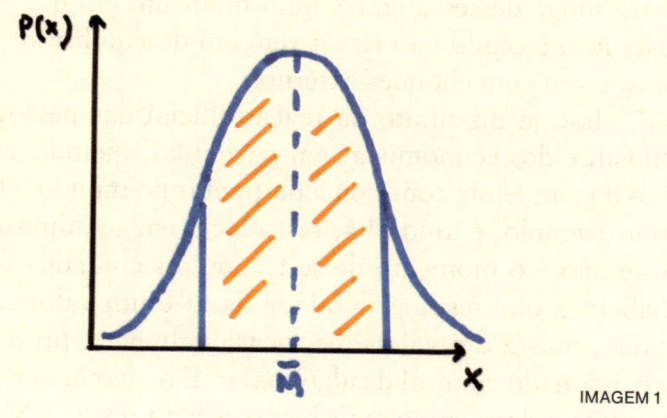

IMAGEM 1

Costuma-se tentar entender o mundo da forma acima (*ver Imagem 1*). Essa curva em formato de sino descreve uma distribuição de probabilidade de eventos. Se temos os eventos no eixo horizontal (x) e no eixo vertical a probabilidade de o evento x ocorrer, a linha azul indica a distribuição que chamamos de "distribuição normal". Quem tem algum conhecimento de estatística sabe que isso é o exemplo de uma distribuição gaussiana. O que acontece em uma distribuição normal? Com ela podemos chegar a uma média muito bem definida. A parte azul, no meio, designa toda a concentração de probabilidade. É a probabilidade de qualquer evento nessa distribuição estar muito próximo da média. Então, a média dos eventos que ocorrem (x representa eventos quaisquer) permite uma boa noção do que é mais provável que venha a acontecer, o que nos dá uma segurança enorme e, inclusive, um senso equivocado de "controle" da natureza dos eventos, da natureza, de tudo.

Por isso é comum trabalharmos o tempo inteiro com essa ideia de que tudo no mundo acontece respeitando uma distribuição normal. Acreditamos que temos uma compreensão monumental do mundo porque, em média, sabemos com o que estamos lidando. Porque a maioria dos eventos, a massa de probabilidade, está muito próxima da média, ou seja, daquilo que tipicamente ocorre com maior frequência.

Os eventos que estão nas caudas (extremidades) dessa distribuição são mais raros. Se o mundo é distribuído dessa forma, se todos os eventos que podem acontecer — os econômicos, em particular — estão distribuídos dessa forma, a probabilidade de que um evento extremo aconteça, seja numa ponta, seja na outra, é mínima. Tende a zero, como está desenhado na Imagem 1, mas nunca chega a zero. Isso é o mesmo que dizer que a probabilidade de um evento extremo é realmente muito baixa se o mundo obedece a esse tipo de distribuição, ou se a economia obedece a esse tipo de distribuição.

Em uma definição sobre o funcionamento da economia nesses moldes, fica mais fácil enunciarmos postulados a respeito de como ela funciona. Se tudo está muito próximo dessa média e se essas distâncias são bem definidas — a variância, que é a distância entre os vários pontos dessa curva e a média —, sabemos exatamente não só onde estaremos o tempo todo, como também o risco de estarmos muito longe ou muito perto dessa média.

Então, quando estamos trabalhando com esse tipo de visão sobre o mundo e a economia, acreditamos que conhecemos todos os parâmetros relevantes. E, ao acreditarmos que conhecemos todos os parâmetros relevantes, desenhamos determinadas medidas e políticas que tendem a funcionar bem, desde que a economia se comporte conforme mostra a Imagem 1. E, diante desse bom funcionamento, chegamos à conclusão, equivocada, de que essas medidas e essas políticas funcionam sempre. É como insistir na responsabilidade fiscal, todo o tempo, não importa o que aconteça: é a necessidade de se apegar a determinadas políticas econômicas porque delas, em outras circunstâncias, foram obtidos certos resultados.

Isso tudo pode ser verdade em tempos de normalidade, já que, na maior parte das vezes, de fato vamos estar naquela média, num mundo, numa economia que se parece muito com ela. Quando conhecemos a média, conhecemos a variância, então conhecemos a distância dessa média. Portanto, essa maneira de pensar acaba funcionando. O que a crise faz — e por isso sempre gostei tanto de estudar crises — é nos forçar a sair desse lugar confortável (o da curva normal, o da curva em formato de sino) e entrar em um cenário muito mais selvagem, digamos assim, com outra distribuição de probabilidades (*ver Imagem 2*).

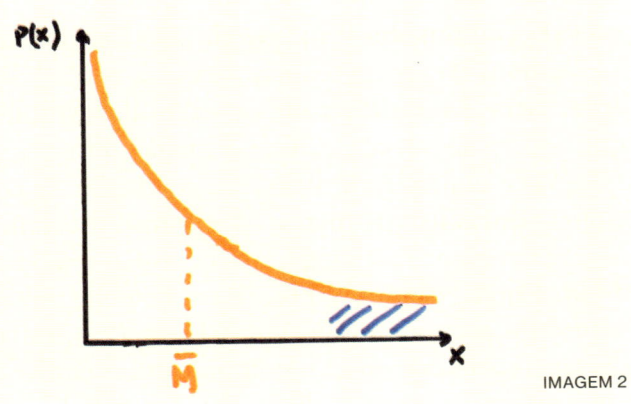

IMAGEM 2

Aqui também temos eventos no eixo horizontal, além da probabilidade de eventos acontecerem no eixo vertical. Há uma média marcada pelo traço pontilhado, mas notem a diferença entre o que essa média representa, em termos de eventos típicos, e o que a média anterior, da primeira curva, representa em termos de eventos típicos. Todos os eventos próximos da média naquela curva anterior têm grande probabilidade de acontecer. Ou seja, os eventos típicos, que são todos aqueles na área azul, têm alta probabilidade de acontecer e, por estarem muito perto da média, parecem-se com ela. Nessa hipótese, a média tipifica as circunstâncias possíveis em qualquer momento do tempo. E aí é possível desenhar políticas econômicas e falar com muita segurança sobre o que dá certo e o que não dá certo. Todavia, é preciso lembrar, essa é uma curva aplicável apenas a situações de normalidade.

Se o mundo, no entanto, está como na segunda curva e se a economia funciona dessa outra forma, ou está funcionando dessa forma por um período, tratar o mundo ou a economia como se ambos estivessem naquela primeira imagem não funciona. Porque se você olhar para essa segunda média verá que ela não tipifica nada. Não há nenhum evento, nenhuma massa de probabilidades ao redor dela que cubra a maior parte das probabilidades que podem acontecer, como no caso anterior.

Você pode argumentar que, na média, as coisas funcionam dessa forma, mas se os eventos estiverem distribuídos dessa maneira a média não quer dizer absolutamente nada. Então, qualquer preceito a respeito do funcionamento da economia que se baseie na alta probabilidade de ocorrência dos eventos comuns estará equivocado. Os eventos de maior probabilidade sem dúvida acontecem, mas eles não são representativos daquilo que é "típico", pois eventos raros também acontecem e suas probabilidades são muito maiores do que as imaginadas. Ou seja, se a economia é mais bem representada pelas probabilidades descritas na Imagem 2, noções de "normalidade" caem por terra.

É isso que acontece em uma crise.

Para os conhecedores de estatística, pode ser bastante óbvio, mas para os leigos não. No tipo de distribuição de probabilidades representado pela linha vermelha, se a economia funciona dessa maneira, os eventos extremos que estão em azul ocorrem com probabilidade muito mais alta do que os eventos extremos, que são aqueles localizados na primeira curva, na cauda bem fininha, logo abaixo, na distribuição normal (*ver Imagem 3*).

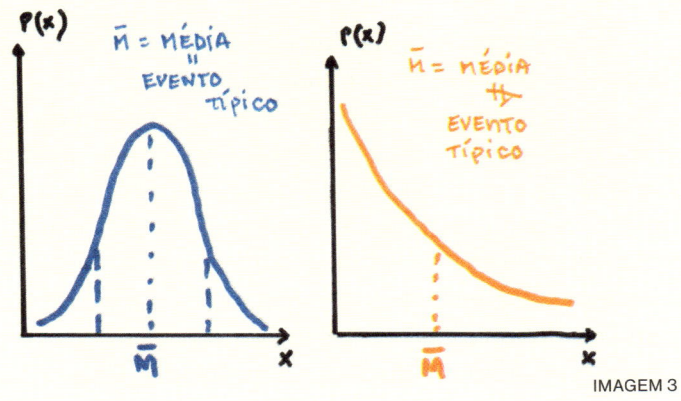

IMAGEM 3

Em outras palavras, podemos dizer que quando estamos num mundo caracterizado pela segunda curva, os eventos extremos podem acontecer com uma chance muito maior do que se acharmos que a economia funciona o tempo inteiro segundo o modelo da primeira curva. Isso tudo pode parecer um pouco abstrato, mas vou mostrar adiante que não é.

Outro aspecto importante a respeito da distribuição de probabilidade é que na distribuição representada pela segunda curva não há nenhuma variância definida. Não conseguimos determinar a distância média da média. Não conseguimos estabelecer esse conceito porque essa cauda muito larga, cujas probabilidades estão longe de zero para os eventos extremos, segue dessa forma. Então, é uma distribuição de probabilidades em que, no caso específico — porque nem sempre é assim —, a variância é indefinida. Não tem variância, ela não existe, ao contrário do que ocorre na primeira curva de probabilidade. Tendo variância, conseguimos medir o risco de estarmos muito longe da média. Sem uma variância definida, como acontece na segunda curva, não conseguimos medir risco de nada.

O que tudo isso significa na prática? Essa pergunta ilustra a incerteza sobre a qual eu falava. Em crises, a economia está funcionando como a segunda curva, em que a média não quer dizer nada. Portanto, se você desenhar políticas econômicas para a média, estará, na verdade, desenhando políticas econômicas que podem estar profundamente equivocadas. O que impera é a incerteza. Desse modo, você não consegue atrelar a definição do que vai acontecer nem de como vai acontecer a algum tipo de probabilidade, ainda que seja uma probabilidade subjetiva. Por quê? Porque uma variância indefinida não permite que se faça esse tipo de inferência. Para muitos, defrontar-se com isso é complicado. Essa é uma razão pela qual apegar-se a dogmas arraigados sobre o funcionamento da economia perturba: se você achar que a economia está funcionando conforme a primeira curva, quando, na verdade, a economia está funcionando conforme a segunda, as suas prescrições vão dar totalmente errado.

Lidando com a incerteza

Meses atrás, quando a crise gerada pela pandemia começou a chegar ao Brasil, o debate entre os economistas ainda estava muito preso às questões fiscais, às reformas. Mas quem já estava vendo o mundo deixando para trás a curva em formato de sino e se transformando na segunda, podia perceber claramente que aquele debate estava equivocado, fora de foco, pois ignorava a ruptura que havia transformado a média da distribuição em algo que, na realidade, não quer dizer absolutamente nada.

Foi o momento em que as percepções começaram a mudar, felizmente. Mas há quem ainda não perceba com clareza quão diferentes nós estamos agora de como estávamos em março. Neste momento as prescrições de políticas econômicas precisam ser outras. Se antes falávamos em ajuste fiscal, agora falamos em gastar. Não só em gastar, mas em gastar mais, e não menos. Passamos rapidamente dos equívocos do Estado mínimo para uma discussão sobre o papel do Estado na pandemia e na crise econômica.

A discussão sobre o papel do Estado na política fiscal e na política monetária está presente no Brasil e no mundo todo. Para a política fiscal, estamos falando em gasto e dívida. Para a política monetária, estamos começando a pensar em emissão de moeda, algo que seria uma enorme heresia em situação de normalidade. Em tempos de normalidade, se o governo tem um déficit e resolve financiar o déficit emitindo moeda, isso significa uma alteração nas relações entre o Banco Central e o Tesouro que pode resultar em inflação ou até mesmo hiperinflação. Essa foi a experiência que tivemos no Brasil em várias ocasiões — nos anos 1980 e nos anos 1990, até o Plano Real.

Mas se de repente o mundo vira e você está tratando de outro cenário, outro desenho, em que as médias, a normalidade, a variância não querem dizer mais nada, você estará em situação completamente distinta. O que era heresia deixará de ser se houver uma parada súbita, tanto do lado da oferta quanto no da demanda. E nesse caso será preciso gastar muito, emitir dívida e, possivelmente, contemplar um financiamento monetário de déficit por algum tempo. Afinal, o cenário não é mais aquele primeiro, é o segundo. Isso é o que está sendo discutido no mundo agora.

Governos e bancos centrais profundamente contrários à emissão monetária para financiar déficits já estavam pensando em fazer isso entre março e abril. Em 9 de abril, a manchete do *Financial Times* era a de que, na Inglaterra, os déficits maiores do governo provavelmente seriam financiados durante um tempo por emissão monetária pelo Banco da Inglaterra—desde então, é precisamente isso o que a instituição vem fazendo. Trata-se do mesmo Banco da Inglaterra que segue um regime de metas de inflação. Como disse anteriormente, em tempos de normalidade, a emissão monetária para financiar o déficit é inflacionária. Sendo inflacionária, vai de encontro ao que os regimes de metas de inflação tentam fazer, que é criar uma meta de inflação e cumpri-la. E se o governo faz uma operação na contramão da sua meta, as duas coisas, evidentemente, entrarão em choque.

Em situações anômalas, de crise, como a que atravessamos, esses preceitos deixam de valer. Porque a economia está em um estado de tamanha dificuldade que pensar em emissão monetária para financiar déficit não é algo que vá causar inflação. Afinal, a economia já está entrando em depressão por conta do choque provocado pela pandemia. Portanto, em circunstâncias em que a crise é o principal problema a ser enfrentado, é preciso ter a capacidade de mudar o canal temporariamente, abandonar dogmas para poder enfrentá-la. Do contrário, como já disse, você estará fazendo recomendações para um cenário que não é real.

Por isso o discurso de responsabilidade fiscal, de manutenção do regime de metas de inflação, está suspenso neste momento, embora seja válido em outras circunstâncias. Agora, o que importa é proteger ao máximo as pessoas e dar a sustentação necessária à economia para que ela tenha capacidade de reação depois. Voltaremos a nos preocupar com esses temas quando eles se tornarem novamente uma fonte real de preocupação. Devo dizer que não acredito que, quando a crise passar, retornaremos ao que havia antes, mas, na hipótese de voltarmos, podemos retomar também as antigas preocupações. O nosso momento, no entanto, é outro.

Permito-me pensar mais livremente aqui porque tenho me preocupado, acompanhando a discussão no Brasil e, em particular, a discussão entre economistas brasileiros, com sua tentação recorrente de se apegarem muito fortemente a estratégias que não dialogam com a atualidade. Alguns talvez se agarrem a elas por medo de críticas. Esse medo perdi há tempos, porque pensar, isto é, colocar em exame dogmas, convicções, consensos e os próprios pensamentos na economia, me rendeu críticas de todos os lados, inclusive no Brasil, sobretudo nos últimos anos.

As pessoas gostam de rótulos, ou precisam deles para ordenar seu mundo e se orientar nele, portanto já me chamaram de tudo: liberal, neoliberal, comunista, "esquerdopata", "macroeconomista de jornal". Tudo isso me importa pouco. O ponto principal é este: preocupa-me a forma como as coisas estão andando no Brasil porque muita gente pode até ter percebido que não estamos no mundo da primeira curva, o mundo das médias apuráveis, mas parece não notar que o mundo em que a variância é indefinida (o mundo da segunda curva) é onde estaremos por muito tempo. Esse é o mundo da pandemia. Ele só acaba quando a pandemia acabar. E ainda não sabemos quando isso vai acontecer.

Se tentarmos desenhar respostas econômicas descoladas do que vêm dizendo epidemiologistas e infectologistas, da situação em que a epidemia nos coloca de fato, estaremos desenhando medidas econômicas para um cenário fictício, em lugar de usar a imaginação para traçar medidas e políticas adequadas.

O que existe no momento é uma pandemia grave, um vírus com um grau de contágio ainda não totalmente estabelecido. Chegou-se a pensar que o grau de contágio fosse menor. Em 8 de abril foi publicado um artigo do Centers of Disease Control and Prevention (Centro de Controle e Prevenção de Doenças—CDC) dos Estados Unidos que apresentava um grau de contágio possivelmente muito maior, talvez até o triplo do que se imaginava, chegando a quase 6. Ou seja, uma pessoa infectada poderia ser capaz de contaminar outras seis, se as medidas sanitárias de quarentena não fossem devidamente aplicadas. Ao final, descobriu-se que medidas sanitárias afetam o grau de contágio, reduzindo-o substancialmente.

Países europeus atingidos pela pandemia estão reabrindo, pois as medidas tomadas diminuíram o grau de contágio para menos de 1, segundo o qual cada pessoa infectada contamina menos de uma outra. Por essa razão, a curva de contágio se achata rapidamente. Relaxar medidas de quarentena prematuramente, como estamos fazendo no Brasil, pode levar a situações muito piores para a pandemia e para a economia. Mais do que isso, se o cenário epidemiológico for de uma transmissibilidade do vírus maior do que supúnhamos sem os devidos controles, é provável que ainda tenhamos de viver várias ondas dessa pandemia até que haja uma vacina e um tratamento eficaz.

As ondas significam que teremos períodos em que a epidemia parecerá arrefecer, levando ao relaxamento da quarentena. Logo em seguida, haverá um retorno da pandemia e a quarentena voltará a ser imposta. Essas idas e vindas da epidemia e da quarentena serão idas e vindas igualmente para a economia. Porque, quando as medidas forem relaxadas, a economia crescerá, ao passo que, quando as medidas forem reimpostas, ela vai resfolegar de novo. E ficaremos nesse vaivém por muito tempo, até que tenhamos resolvido de vez a fonte do problema.

Tudo indica que o mundo será este por um bom tempo. Além disso, não se restabelece o passado, a normalidade perdida. E enquanto isso durar, muitos preceitos macroeconômicos estarão mais ou menos em suspenso, uma vez que não há alternativa, senão responder adequadamente ao que se apresenta. Tentar inventar para nós mesmos um cenário ilusório não é uma opção.

Dogmas × Bifurcações
Tudo o que eu disse até agora mostra apenas o caráter orgânico da economia — um sistema complexo que se auto-organiza, mas que também se desorganiza com facilidade. Podemos ter princípios na cabeça, porém nem sempre as medidas que atendem a esses princípios são as mais adequadas para o momento que atravessamos. Por isso é importante que as pessoas sejam capazes de mudar de ideia quando a situação muda. Os acontecimentos se dão no fluxo, não são estáticos no tempo.

Usando um exemplo do meu próprio percurso. Muita gente me critica por causa do livro *Como matar a borboleta-azul: uma crônica da era Dilma*, que escrevi em 2016. Se tivesse que escrever esse livro de novo, escreveria da mesma forma, porque as políticas econômicas adotadas de 2011 a 2016 não eram as adequadas àquele momento. É algo que sustento com tranquilidade. Aquelas políticas geraram inúmeros desequilíbrios e tivemos que colher os frutos desses desequilíbrios depois. Não mudo a análise que fiz naquele livro, no entanto, algumas medidas adotadas naquele período, que critiquei à época, seriam convenientes hoje. Certas medidas de impulso ao consumo e impulso à renda das famílias adotadas naquela ocasião, a meu ver de forma inadequada, seriam apropriadas no cenário atual porque o mundo está diferente. Hoje a situação é outra.

Não dá para ter amarras, manter uma relação dogmática, acrítica, com ideias, teorias ou políticas bem-sucedidas no passado. Procuro pensar com e sem parâmetros, conforme a necessidade, e sem média, sem variâncias, sem tentativas de linearização. Procuro pensar o momento tal como ele se apresenta. Em meio ao cenário caótico da pandemia, quando me deparei com argumentos que defendiam que o Brasil deveria se preocupar com a sua solvência "estrutural", isto é, sua capacidade de honrar seus compromissos fiscais, eu me perguntei o que seria solvência estrutural quando não existe uma estrutura. A estrutura está em constante mutação. O próprio conceito de solvência estrutural é linear. Não cabe no momento que hoje vivemos.

Afinal de contas, o que é solvência estrutural quando os países estão tendo que abandonar determinados preceitos e determinadas práticas históricas para fazer o que precisam fazer no intuito de se defender da crise de saúde pública e da crise econômica? O que será solvência estrutural do mundo depois da crise? Porque todos os países estarão extremamente endividados. Todos os países estarão com déficits extremamente elevados. Na verdade, todos os países vão se parecer muito uns com os outros. Não é o mesmo que dizer que estarão todos na mesma situação, porque há países que têm mais capacidade de responder à crise, de sair dela melhor do que outros. Sabemos que países ricos, avançados e maduros têm mais capacidade de lidar com as consequências dessa crise e com o grau de endividamento que todos terão depois. Os países em desenvolvimento, entre os quais incluo os chamados "países emergentes", como o Brasil, vão ter mais dificuldades.

Mas vai ser uma situação muito diferente. Se olhássemos para o panorama anterior à crise, para todas as razões dívida/PIB de diversos países, veríamos claramente diferenças. Veríamos países mais endividados que outros. A depender das condições individuais, eram países mais suscetíveis a problemas do que outros. Pelo menos assim se acreditava. Não é uma maneira incorreta de pensar, mas, às vezes, caímos em falácias assim por força de pensamentos excessivamente lineares, que são equivocados.

O que é, então, a solvência estrutural no período pós-crise da pandemia atual? Não faço a menor ideia. Como dito, todos os países vão estar muito endividados, todos os países vão estar com um déficit muito elevado. Como fazer um julgamento sobre solvência estrutural nesse cenário? A não ser que alguém acredite em sua previdência do futuro ou da estrutura sobre a qual as economias se erguem, não há como responder a essa pergunta. Para mim, dar esse salto é convocar ao trabalho a imaginação, mas entregar-se a uma onisciência que ninguém é capaz de ter. Tenho interesse em entender por que as pessoas têm tamanha necessidade de se ater a conceitos que não se aplicam a este momento de crise e que nem sequer sabemos quão úteis serão depois dela.

Do mesmo modo, não consigo entender a insistência no Brasil de se zelar pelo teto de gastos durante a pandemia. Vivemos por muitos anos sem teto. Não que isso fosse desejável. Cometemos muitos excessos em termos de gastos públicos quando não precisávamos. Mas agora nós precisamos de excessos. Estamos em uma situação distinta. Sempre defendi que o teto de gastos no Brasil fosse mais flexível do que seu desenho inicial. Da forma como foi desenhado, impede que muitas ações sejam postas em prática, inclusive em tempos de crise. Não dá para construir algo como um teto de gastos e fazer dele uma amarra constitucional: em outros países em que existe, ele é simplesmente uma lei. Mas, felizmente, contamos com um dispositivo referente a situações de calamidade, o artigo 65 da Lei de Responsabilidade Fiscal (Lei Complementar nº 101, de 2000), e é por força dele que estamos podendo flexibilizar o teto de gastos agora.

Pessoalmente, entendo que não adianta nos atermos a um conceito e a um dispositivo que terá de ser flexibilizado. Digo que será inevitável flexibilizá-lo porque essa é uma crise longa e não sabemos exatamente como as coisas serão reconstruídas depois que ela passar. Imagino que um dos elementos fundamentais na reconstrução vai ter que ser o uso do investimento público destinado à infraestrutura. Mas como vamos fazer isso dentro do teto de gastos? Voltamos ao ponto inicial: será necessário algum mecanismo de flexibilização. Então, me surpreendem muito as formas fixas, dogmáticas, como a discussão econômica está sendo colocada, sobretudo no Brasil.

Não é assim em todos os lugares. Em 10 de abril participei de um evento no Peterson Institute for International Economics, onde trabalho hoje, sobre projeções macroeconômicas. Anualmente, durante esse evento, especialistas da área procuram desenhar e prever o que vai acontecer no cenário macroeconômico. Este ano, todos fizeram uma apresentação semelhante, apontando um cenário com uma infinidade de contingências. Era como se dissessem: "Se bifurcar para lá, a coisa acontece dessa forma. Se bifurcar para cá, a coisa acontece dessa outra forma." Aquilo me levou à literatura, que inventa mundos, e, em particular, à imagem central de um conto de Jorge Luis Borges de que gosto especialmente, "O jardim das veredas que se bifurcam". Isso porque, em resumo, o que os painelistas disseram foi que estamos em uma quadra em que todas as possibilidades correm em paralelo, logo, todos os destinos possíveis devem ser levados em conta. Não é uma trajetória em linha reta, é uma trajetória que será atravessada por infinitas bifurcações.

A questão da não linearidade é um aspecto que me fascina especialmente na obra de Borges, que cria mundos ignorando regras impertinentes à ficção. O autor argentino nunca fugiu das dificuldades do pensamento não linear; pelo contrário, ele o usou como recurso, brincou com ele. Foi por meio da não linearidade que o escritor avançou pelo tema do infinito, o tema do tempo, tão presentes e fundamentais em sua obra. O pensamento que estruturou a conversa no Peterson Institute sobre cenários macroeconômicos no mês abril foi uma espécie de jardim de veredas que se bifurcam. E não vejo como pensar a economia neste momento de outro modo. Como podemos ter qualquer princípio fixo sobre o que quer que seja se estamos num ambiente em que, a qualquer instante, os cenários podem se bifurcar e mudar *ad infinitum*? É esse o panorama que temos diante de nós. É um tempo de excepcionalidade, em que nada pode ser mais urgente do que salvar vidas. E precisamos estar à altura desse desafio.

2

PANDEMIA E ECONOMIA: O QUE É PRECISO SABER

Este livro começou a ser produzido no final de maio de 2020, e, dada a velocidade dos acontecimentos que temos experimentado, março parece um mês distante. Mas no começo de março já era possível afirmar que o mundo estava passando por uma situação grave. Naqueles dias, defendi, em artigos de jornal, em entrevistas e nos vídeos que comecei a transmitir pelo YouTube, a necessidade de o Brasil se preparar para receber este choque: um choque inédito, como já estava sendo para o resto do mundo. Nunca vimos nada como a pandemia de Covid-19. Não se trata de algo comparável sequer à crise de 2008, lembrando que, naquele ano, achávamos que nunca veríamos nada igual àquilo. A atual é uma crise causada por uma pandemia, uma epidemia com disseminação global. É uma crise diretamente atrelada à medicina. Não é, pois, uma crise que os economistas ou os gestores de política econômica mundo afora tenham capacidade de resolver. O que eles podem fazer é auxiliar os países a desenhar medidas emergenciais de sustentação das economias, a implementar os investimentos em saúde e a atenuar o impacto do choque nas suas economias. E o impacto é grande, haja vista a paralisia decorrente da necessidade de afastar as pessoas umas das outras para conter a transmissão do vírus SARS-CoV-2, altamente contagioso.

Minha premissa fundamental, em suma, é a de que esta é uma crise sem precedentes. Não temos referência que nos ajude a pensar o que deve ser feito e como deve ser feito. Mas é incontestável que estamos diante de um fenômeno a ser enfrentado, em primeiro lugar, pela comunidade científica. E que as medidas de saúde pública tomadas mundo afora para conter a transmissão do novo vírus levam necessariamente a uma crise aguda, não só de oferta, mas sobretudo de demanda. Desde o princípio a minha premissa foi a de que seria preciso atravessar um momento de ruptura. Aqueles que pensavam, e ainda pensam, que tudo que tenho defendido é loucura, que é uma loucura fazer o que defendo no Brasil, têm de explicar para o mundo como e por que o que estamos atravessando não é uma ruptura, e sim um cenário de normalidade.

Desde que a pandemia começou a se apresentar como tal, tenho defendido mudanças no teto de gastos do Brasil para poder acomodar o que considero serem as medidas necessárias para uma resposta adequada ao problema sanitário. Entre elas estão uma medida de expansão do investimento público e um reforço considerável da rede de proteção social no Brasil. Porque são muitos os vulneráveis na população brasileira: não apenas os idosos, mas todas as pessoas que vivem em condições precárias, as que pegam condução superlotada e demoram três horas para se deslocar entre a casa e o trabalho. Todas as que vivem em favelas, que vivem em aglomerações, enfim, a maior parte da população brasileira. Esse é o drama. Muitas dessas pessoas, se tiverem que ficar em casa, não vão receber salário nem benefício algum por serem informais. Por isso essa rede de proteção social precisa ser reforçada de imediato.

Já não é preciso imaginar, são imagens mais do que concretas as das pessoas agora tendo que se distanciar umas das outras, tendo que trabalhar de casa; as crianças não indo para as escolas; bares, restaurantes e outros setores sendo fechados. Toda a repercussão disso e, todas as consequências que isso implica—fronteiras sendo fechadas, voos sendo cancelados—provocam um efeito de parada súbita na economia. E uma parada súbita é algo grave, que nunca vimos nessa magnitude. Houve paradas súbitas em outros momentos, por exemplo, na época dos ataques terroristas de 11 de setembro de 2001 e na crise de 2008. Mas nenhuma foi tão prolongada como a atual, até porque a resposta das autoridades responsáveis pela saúde pública mundo afora tem sido a de tentar adiar ou conter o pico da pandemia para não sobrecarregar o sistema de saúde.

O que isso quer dizer? Quer dizer que, em vez de deixar a pandemia chegar ao ápice sem nenhuma medida, age-se para tentar achatar a curva. O achatamento da curva pressupõe que se atue no curso natural da pandemia para retardar o máximo possível o seu pico no país. Essa é a principal estratégia de auxílio e apoio ao sistema de saúde para evitar mortes que poderiam ser evitadas pela própria condução da resposta de saúde pública.

Achatamento da curva

A Imagem 4 traz gráficos que mostram a história do achatamento da curva.

IMAGEM 4

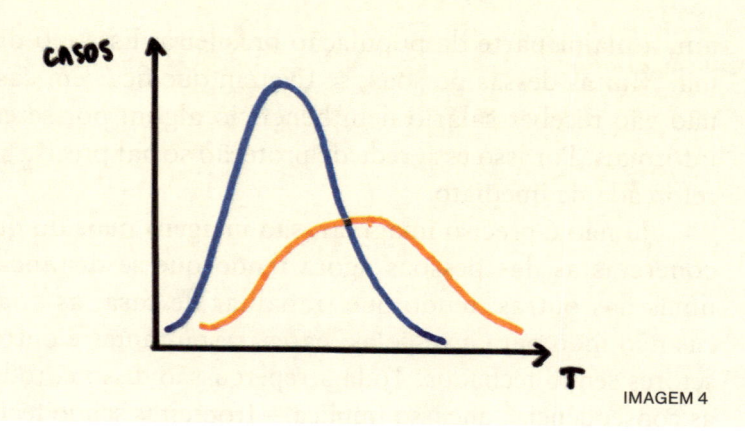

A curva em azul indica o que acontece com a pandemia se nada fizermos para tentar achatar a curva. Se não fizermos nada e deixarmos a pandemia correr seu curso, ela chega a um pico, depois começa a declinar, pois toda pandemia apresenta essa trajetória. O problema desse pico é que ele sobrecarrega o sistema de saúde, exatamente o que se quer evitar.

O que as medidas extraordinárias estão procurando fazer é converter a curva azul na curva laranja desse gráfico. Isso significa, como é possível ver pelos picos, que a pandemia vai demorar muito mais tempo para chegar ao pico e para começar a cair do que se simplesmente deixássemos a pandemia correr solta (o que não seria uma ação responsável por parte de nenhum governo). É a estratégia do achatamento da curva, ou, em outras palavras, a transformação da curva azul na curva laranja, que está fazendo com que as medidas sanitárias tomadas tenham um efeito tão forte sobre as economias. E não há precedente, não há nenhuma comparação histórica para isso.

No começo de março, algumas pessoas consideraram que essa mensagem era alarmista, que destoava do senso comum e que eu estava exagerando. Pois bem, estamos vendo agora que não era alarmista. Temos inúmeros países com as fronteiras fechadas. Governos estão divulgando anúncios em série de medidas inéditas para conter o estrago que vem por aí. E o estrago é grande. Naquele mês, houve um repique elevado dos pedidos de seguro-desemprego nos Estados Unidos, e os pedidos só aumentaram desde então.

No Brasil, em 20 de março, Adolfo Sachsida, secretário de Política Econômica do ministro da Economia, Paulo Guedes, dizia que essa seria uma crise de curto prazo. Ele não estava entendendo as curvas. Essa crise não é de curto prazo. Se você tiver um mínimo de entendimento do que significa achatar a curva, você compreenderá que essa é uma crise que durará vários meses, até a pandemia alcançar o pico, e vários meses, até ela sair do pico.

Em março, a pandemia mal tinha chegado ao Brasil. No dia 20, havia em torno de 650 casos no país, enquanto os Estados Unidos já registravam praticamente 14 mil. Os números, claro, têm mudado a cada minuto. E sabemos que os testes vêm sendo realizados exclusivamente em pessoas com sintomas específicos. Portanto, decerto tem muita gente infectada pelo vírus e com sintomas — vale contaminar outras pessoas —, mas que continua tratando a doença como se ela fosse uma gripe, ou como se não fosse importante. Essa mensagem, esse tipo de mensagem cruzada, tem partido diretamente do governo federal. Foi uma irresponsabilidade o secretário de Política Econômica dizer que essa crise é de curta duração. Não é.

Por não ser de curta duração, que cenário econômico temos diante de nós? Se colocarmos o gráfico das curvas epidêmicas de cabeça para baixo, temos o cenário da recessão (*ver Imagem 5*).

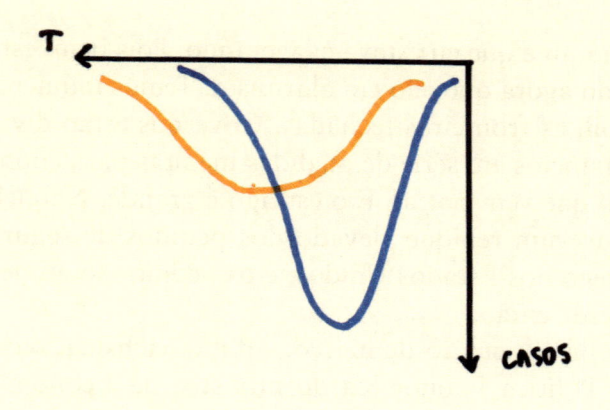

IMAGEM 5

A curva azul agora é o que pode acontecer com o PIB do Brasil se não houver ações suficientes para conter os estragos da crise. E, nesse caso, é primordialmente o governo federal que tem de agir, pois estamos falando de uma crise sanitária com consequências econômicas de grandes proporções, de desafios que requerem recursos dos quais só o governo federal dispõe e de ações coordenadas em várias frentes e instâncias que só ele tem condições de implementar.

Quando o setor privado para subitamente — como ocorre durante uma pandemia — é essencial que o Estado intervenha para assumir o papel de provedor de crédito, a fim de estimular a demanda, sustentar o consumo e evitar que os mais vulneráveis sejam desproporcionalmente afetados. Já a curva laranja é aquela que poderá prevalecer, caso o governo tome as medidas necessárias para achatar a curva da recessão. Essa é outra curva que tem de ser achatada. Sim, a curva da pandemia tem de ser achatada e esse movimento determinará a curva da recessão.

No caso da curva da recessão, nós já vimos que, entre 18 e 20 de março, ou seja, num intervalo de 48 horas, houve uma revisão brutal de cenários por parte de bancos, instituições financeiras, institutos de pesquisa, entre outras instituições. Essas revisões foram, subitamente, em um período de dez dias, de taxas de crescimento ao redor de 1,5%, 2%, 2,5% neste ano para uma recessão. Havia quem falasse em recessão de 2%. Havia gente falando em recessão de 3%, o que significa contração do PIB nesse montante.

Eu já falava, à época, em uma recessão de pelo menos 6%, dada a gravidade da crise e do quadro que se apresentava, com autoridades inertes frente à situação. É importante reconhecer que cerca de dez dias antes, por volta de 10 de março, o ministro Paulo Guedes insistia nas reformas de médio prazo como solução, mas o ministro, felizmente, mudou de ideia. A mudança ocorreu em meio a muitas disputas, com muita gente falando ao mesmo tempo e insistindo em suas posições. Em todo caso, o fato de ele ter mudado de opinião foi positivo nas circunstâncias em que o país já estava. Reformas não são a solução para o cenário atual. Agora, precisamos enfrentar a crise olhando por quem vai ser mais diretamente afetado por ela. E por ser uma crise sanitária, uma crise de saúde, é evidente que a primeira coisa que tem de ser feita é uma destinação vultosa de recursos para o SUS.

Em março, o Ministério da Economia citava números muito modestos diante do que o SUS vai precisar. No dia 18, apresentei em minha coluna em *O Estado de S. Paulo* um cálculo que estimava uma necessidade de cerca de R$ 50 bilhões para o SUS. Mas pode ser preciso até um investimento maior, dada a forma como a pandemia se manifesta. Porque é um vírus imprevisível, que afeta idosos e pessoas com condições de saúde preexistentes, mas também pessoas jovens e saudáveis.

Nos Estados Unidos, um terço dos casos de hospitalização envolve pessoas entre 20 e 44 anos. A Covid-19 é uma doença séria, com diversas manifestações clínicas. Pode parecer um caso leve, um resfriado para alguns, mas, para outros, pode se transformar em uma síndrome respiratória que exige ventilação mecânica. Portanto, não é brincadeira, e sabemos que o SUS não tem recursos disponíveis hoje — inclusive porque eles vêm sendo cortados desde os anos 1990 e mais ainda em anos recentes — para lidar com algo dessa dimensão.

Considerando esse estado de coisas, é preciso fazer muito pelo SUS. Penso em medidas que envolvem contratação de pessoal, contratação de médicos, de enfermeiros, de cuidadores; que envolvem compras de equipamentos, principalmente de equipamentos sofisticados, para dar o tipo de apoio de que os pacientes vão necessitar quando eles começarem a aparecer aos borbotões nas portas dos hospitais. Isso já está acontecendo no Brasil. Está acontecendo em toda parte. Portanto, não dá para ignorar a seriedade do quadro no país e a proporção de recursos que precisam ser destinados ao SUS neste momento.

Essa é a estratégia de auxílio e apoio ao sistema de saúde para evitar mortes que podem ser perfeitamente evitadas pela própria condução da resposta de saúde pública. Assim, não é difícil antecipar o que vai acontecer: teremos muitos meses — não serão poucos — de paralisia completa das economias. Se, de fato, se conseguir achatar a curva da pandemia para retardar o momento de pico — que é o que se espera e é pelo que se torce —, também o período que se seguirá após o auge será de gradual retomada das atividades econômicas ao longo de outros tantos meses. Isso significa que, se ninguém fizer nada, esta é uma crise que vai paralisar completamente a economia mundial por muitos meses. É difícil dizer quantos exatamente, mas dá para imaginar que sejam, no mínimo, oito ou nove, na melhor das hipóteses.

O ponto principal é este: o achatamento da curva vai levar, necessariamente, a uma resposta prolongada, e é a essa pandemia de longa duração que os governos terão que responder. Como os governos responderão? Cada país precisará encontrar uma saída, dadas as condições e as especificidades de cada um e a sua forma particular de responder à crise.

Medidas fundamentais
No caso brasileiro, entramos nesta crise com a economia muito fragilizada. Ao contrário de outros países, que puderam, num primeiro momento, focar medidas setoriais, o Brasil não pôde se dar a esse luxo, porque já estava em uma situação macroeconômica extremamente complicada. Então, o país precisa das duas coisas: de medidas setoriais e de medidas macroeconômicas, ambas se apoiando mutuamente.

No que diz respeito às medidas setoriais, vou repisar o que já disse anteriormente: o país precisa, de imediato, disponibilizar recursos ilimitados ao SUS para que ele tenha capacidade de resposta. Na prática, isso significa proteger os vulneráveis, o que nesse caso abrange os idosos de renda baixa, os chefes de família que porventura vão ter que ficar em casa porque as crianças não irão à escola, os "informais", isto é, as pessoas que trabalham na informalidade e aquelas que têm empregos precários, sem segurança econômica.

A todos esses casos o governo federal precisa dar algum tipo de respaldo. A minha recomendação é que tal respaldo venha, de um lado, pelo aumento do benefício do Bolsa Família em pelo menos 30% a 40%, o que não é demasiado custoso para o Orçamento. Dá para imaginar até um aumento maior. Então, começa-se por aí. E para o restante, para os informais, para os chefes de família que vão ter que ficar em casa, para os idosos, para as pessoas em situação de trabalho precário, para essas pessoas que, possivelmente, não poderão mais trabalhar, todas deveriam receber do governo um tipo de renda básica, um nível mínimo de renda para que possam sobreviver.

Mais ou menos dois terços da população brasileira já viviam em situação de vulnerabilidade antes da pandemia. É muita gente vivendo em condição precária, sem renda ou na informalidade. É muita gente que trabalha em funções que serão paralisadas, uma vez que o governo brasileiro e os diferentes estados começam a tomar as medidas drásticas já adotadas ao redor do mundo. Essas pessoas têm que ser atendidas.

Em março, o governo federal fez um primeiro gesto em relação ao Bolsa Família e algum movimento em relação às pessoas que estão em situação de vulnerabilidade mas não recebem o benefício. O valor anunciado para o Bolsa Família, porém, foi muito baixo. Era e continua sendo verdade que é preciso, no mínimo, alargar o programa para que ele possa abranger mais famílias em situação de pobreza. Tanto porque o governo já havia feito cortes, reduzindo essa abrangência, quanto porque desde a recessão de 2015 e 2016 os índices de pobreza no Brasil só aumentaram. Também é preciso dar um aumento ao benefício de, no mínimo, 50% por um período prolongado. Não estamos falando aqui de três, quatro meses, como disse o governo no começo da pandemia. Lembrem-se da curva epidêmica e de como é possível achatá-la. O benefício precisa ser prolongado por, pelo menos, doze meses. Nos Estados Unidos, já se trabalhava, em março, com um cenário de duração de doze a dezoito meses até alguma normalização da economia. E é assim que nós também já devíamos estar pensando no Brasil.

Outro ponto fundamental é que o governo federal chegou a anunciar no fim de março uma renda básica emergencial de R$ 200 para todas as pessoas não atendidas pelo Bolsa Família. Mas R$ 200 é pouco. Meu cálculo, no momento em que o governo federal apresentou sua proposta, chegava a R$ 500. Eu somava os R$ 500 da renda básica com os R$ 50 bilhões para o SUS e mais cerca de R$ 30 bilhões para uma ajuda setorial imediata, a fim de que as empresas não saíssem demitindo no setor de serviços, que será o mais afetado. Para que não tenhamos desemprego em massa, o que pode provocar um caos social, pelo menos R$ 30 bilhões devem ser destinados a esses setores. Porque, sim, nós estamos correndo o risco de presenciar uma convulsão social no Brasil, caso o governo federal não tome as medidas cabíveis.

Em relação ao montante que deveria ser transferido para os cidadãos em situação de vulnerabilidade sem o Bolsa Família, também fiz uma projeção, caso, no lugar de R$ 500, a renda básica emergencial fosse de R$ 1 mil para todos aqueles que constam no Cadastro Único (um instrumento do governo federal com informações sobre famílias de baixa renda) incluindo beneficiários do Bolsa Família: são 77 milhões de pessoas. É muita gente. Sabemos exatamente quem são essas pessoas porque elas estão cadastradas, estão registradas, o que significa que o governo consegue alcançá-las.

Se fizermos a conta com R$ 1 mil, que é um valor muito próximo do salário mínimo atual, somarmos tudo o que falei—aumento do valor do Bolsa Família, o que precisa para o SUS e o que precisa para ajuda setorial—e considerarmos que os R$ 1 mil por mês sejam pagos durante doze meses para os 36 milhões de desassistidos, estaremos falando em um valor equivalente a 7 pontos percentuais do PIB. Muitos podem pensar: "Oh, esse valor é enorme! O país vai quebrar. Meu Deus do céu! De onde se vai tirar o dinheiro?" Vai se tirar o dinheiro emitindo dívida. Vai emitir dívida no valor de 7% do PIB. Podem então responder: "Ah, esse é um montante que o país não consegue aguentar." Em termos de aporte de esforços estatais em relação à economia, essa é uma situação semelhante à de uma guerra. Foi para dar a dimensão desse esforço que Angela Merkel, a chanceler da Alemanha, disse o mesmo. O presidente da França, Emmanuel Macron, foi pela mesma linha. Como disse na Introdução deste livro, não se trata de corroborar a analogia da pandemia com uma guerra, que tem sido recorrente e se manifesta na linguagem que se emprega para falar dela: trata-se, aqui, de usar uma metáfora para possibilitar ao público leitor apreender a dimensão do desafio econômico diante do qual estamos.

Se compararmos os valores gastos pelos países envolvidos estaremos falando de emissões de dívida de mais de dois dígitos em pontos percentuais. Portanto, 7% do PIB para conter o que pode ser um estado de calamidade total—com mortes aos milhares que poderiam ser evitadas destinando recursos ao SUS e também diretamente às pessoas, para terem condições de ficar em casa, e com a coordenação das respostas de saúde pública—não é nada. Não é uma situação qualquer, não é um cenário de normalidade, não se trata de gastança desenfreada nem de dizer que essa visão revela uma heterodoxia maluca, como muitos têm dito. Não. Trata-se de uma questão humanitária, de uma questão de vida ou morte, como tenho insistido e vou continuar insistindo.

Ainda dentro das medidas setoriais, há as que se referem às micro, pequenas e médias empresas. Elas vão precisar de liquidez e de recursos que não conseguirão no mercado devido à situação de paralisia. Então, para isso, temos a possibilidade de utilizar o BNDES, com linhas de recursos para micro, pequenas e médias empresas. Essa é a primeira leva de medidas a ser adotada no que diz respeito à parte setorial.

Em relação à parte macroeconômica, é inevitável que o Brasil tenha que fazer algo parecido com o New Deal, vale dizer, um investimento pesado. Podemos pensar, por exemplo, no uso de recurso público para investimento público, preferencialmente em infraestrutura, setor carente no Brasil e que gera uma boa quantidade de emprego por sua conexão direta com a construção civil, que igualmente emprega bastante gente. Então, a movimentação que a infraestrutura gera na economia é grande. Há vários projetos no papel. É só o governo desengavetá-los e começar a implementá-los.

Claro que nenhum desses investimentos tem maturidade no curto prazo. Mas o que importa não é a maturidade no curto prazo, e sim o próprio investimento, porque dá sustentação à demanda em um prazo mais imediato. Mas como fazer isso, se os investidores estrangeiros não estão querendo colocar recursos no Brasil neste momento, nem em lugar nenhum, porque está todo mundo vendo a pandemia se manifestar? Está todo mundo querendo guardar os próprios recursos ou preservá-los o máximo possível. De novo: contamos com um instrumento, o BNDES, que pode ser utilizado para realizar exatamente o que estou sugerindo. Não se trata de ideologizar o BNDES, como aconteceu em governos anteriores, que usavam o banco para promover políticas de campeões nacionais, facilitando empréstimos para grandes empresas. Isso é o passado, não é o presente. O presente é um momento de ruptura, uma ruptura sem precedentes na economia mundial e na brasileira em particular, dado que, como sabemos, o Brasil já estava numa situação econômica grave.

O que precisamos fazer na área de política fiscal para possibilitar que as medidas que estou propondo sejam postas em prática? Podemos flexibilizar a meta fiscal, medida que, felizmente, começou a se tornar consensual entre os economistas em meados de março, já que, antes disso, eram outras as prioridades do país aos seus olhos. As pessoas, enfim, passaram a se dar conta de que é realmente urgente agir para possibilitar a sustentação da economia brasileira. Mas, para além da flexibilização da meta fiscal e do uso de créditos extraordinários, é essencial ainda a suspensão temporária do teto de gastos. Proponho uma suspensão de dois anos do teto no país para que se possa pôr em andamento todas as outras medidas que citei. Vão dizer: "Ah, mas isso aí vai gerar uma corrida de investidores no Brasil." Tenha em conta o seguinte: os investidores já não vão pôr dinheiro aqui, independentemente do que o Brasil fizer ou deixar de fazer. Eles estão preocupados justamente com o tempo de duração dessa crise e com quanto ela será danosa para todos, para a economia mundial.

Eu diria até que os investidores estão mais preocupados com os países que não farão nada do que com os países que farão alguma coisa. Uma verdade é absoluta: se um país cai em depressão econômica por não fazer nada—e essa experiência pode ser encontrada no passado, nos anos 1930—, isso é muito pior para a relação dívida/PIB ou para qualquer preocupação com a sustentabilidade fiscal do que lançar mão de medidas extraordinárias em momento extraordinário para dar alguma sustentação econômica. Isso também tem efeitos deletérios sobre a dívida/PIB, mas eles são menores do que os efeitos de uma depressão econômica.

E aqui chegamos a um ponto importante. Voltando à premissa de ruptura e de um cenário em que, se nada for feito, teremos uma depressão econômica—e não digo recessão, digo depressão—, conclui-se que adotar medidas insuficientes agora é o pior caminho. Então é hora de usar a imaginação. É hora de pensar com ousadia. É hora de perceber qual é o momento do Brasil e do mundo. E, como eu disse, este é um momento sério, muito, muito grave, e sua gravidade ainda não está refletida nas medidas que o governo brasileiro está adotando.

Por fim, faço um comentário a respeito das reservas internacionais, outro tema ao qual voltarei mais adiante. Não é hora de utilizar reservas internacionais, pois talvez precisemos delas para fazer isso em circunstâncias excepcionais, já que não sabemos o que resultará dessa crise. Paradas súbitas não ocorrem sem consequência. Elas têm consequências sobre desemprego, entre as outras coisas que já mencionei, mas também têm consequências que podem levar a uma quebradeira de empresas, de bancos, a uma crise financeira que só exacerbaria, só multiplicaria uma situação inicial já muito, muito complicada. Por isso precisamos de alguma munição. E, hoje, essa munição são as nossas reservas internacionais. Então, o que defendo é um aumento da dívida. Essa é a hora de aumentar a dívida. Em outros períodos da história do Brasil isso foi feito erroneamente. Não é do que estamos falando agora. Agora essa é a medida acertada. Estamos falando de um momento excepcional e sem paralelo.

Críticos estão por aí aos montes, mas também há consensos sendo formados. Prefiro me associar aos consensos que estão sendo formados e não aos críticos. Acho que muitos, infelizmente, ainda não entenderam a situação. O que importa, na realidade, é que há um consenso se formando no Brasil em torno da urgência, em torno do que é preciso fazer, e que esse consenso, fundamental, precisa ganhar mais vozes, precisa ganhar mais apoio. Porque tem que haver pressão da sociedade sobre esse governo para que ele faça o que é preciso fazer. Não é possível ter um membro do governo dizendo que o cenário é de recessão curta, ou que não é um cenário de recessão, uma vez que o número com o qual eles estão trabalhando é de estagnação para o ano. É uma irresponsabilidade tremenda.

3

PRIMEIRO A SAÚDE, DEPOIS A ECONOMIA

Um debate envolvendo um suposto contraponto entre saúde e economia tomou corpo nos Estados Unidos no fim de março e repercutiu no Brasil. Argumentava-se então que as medidas sanitárias eram excessivas, levariam a um custo econômico elevado e que esse custo, além de não compensar, também matava. A discussão ganhou impulso em 23 de março, quando o presidente Donald Trump começou a propagar através do Twitter a ideia de que a "cura", ou seja, as medidas sanitárias—que não significam "cura" de fato, mas simplesmente a tentativa de achatar a curva de contágio—matariam mais do que a doença. No dia seguinte, também o presidente Jair Bolsonaro fez um pronunciamento em que afirmou que o vírus passaria "brevemente" e logo voltaríamos à "normalidade". Ele se opôs aos governos estaduais que estavam implementando medidas de isolamento e referiu-se aos cuidados para controlar a disseminação da doença como um obstáculo para a "manutenção do sustento das famílias". Chamou a Covid-19 de "gripezinha".

Trata-se de um debate falacioso. Os estudos econômicos não sustentam essa tese. É verdade que não temos nenhuma outra calamidade ou crise como a atual para usarmos de termo de comparação. Porém, há vários estudos econômicos sobre a Grande Depressão, como é conhecida a crise de 1929, e a conclusão é que, empiricamente, não se sustenta a ideia de que uma depressão econômica mata muito mais gente do que uma situação de anormalidade. É claro que as pessoas ficam desempregadas e sofrem. Muitas permanecem por longo tempo sem trabalho e enfrentam dificuldades tremendas, mas não é disso que se trata. Depressão econômica não mata mais gente do que tempos de relativa anormalidade. Os estudos também demonstram que, em tempos de forte expansão econômica, as taxas de mortalidade tendem a subir. Então, é exatamente o contrário, o que significa que o discurso de Trump e o de Bolsonaro não têm base científica nem dentro nem fora da economia.

Não, eu não sou infectologista. Mas, tendo estudado economia, trabalho com dados e ferramentas que me permitem ter uma ideia daquilo que se passa em outras áreas e estabelecer parâmetros mínimos para descartar absurdos. E, hoje, o que já temos de estudos científicos disponíveis sobre a Covid-19 é uma enormidade. Muitas pesquisas estão sendo publicadas, outras ainda estão em processo de revisão por pares. Entre as disponíveis em revistas científicas mais qualificadas, e pelo que está sendo publicado pelo próprio Centro de Controle e Prevenção de Doenças dos Estados Unidos, há algumas conclusões sobre a Covid-19 a serem consideradas.

A primeira delas, como muitos já sabem, é que essa doença é uma variante da Síndrome Respiratória Aguda Grave (SARS), que atingiu o continente asiático em 2002 e 2003. Saber que se trata de uma variante da SARS é importante para compreendermos as respostas que têm sido dadas nos países ocidentais e nos asiáticos à disseminação do novo coronavírus. Os países asiáticos que passaram pela SARS tomaram medidas rápidas de contenção da epidemia porque sabiam com o que estavam lidando. Já no Ocidente, temos sido mais lenientes nas respostas, talvez porque, entre outras razões, nunca tenhamos tido uma epidemia parecida com a SARS. Tal leniência tem levado a uma série de atrasos, a uma série de respostas inadequadas e também ao debate falacioso entre saúde e economia, que simplesmente não cabe quando se está falando de uma doença tão grave.

Por que a Covid-19 é grave? Por várias razões, mas há dois parâmetros principais com os quais os infectologistas trabalham quando analisam uma epidemia. Um deles se refere à chamada taxa de letalidade; o outro, ao chamado fator de reprodução, o R0. O R0 indica o número de pessoas que um paciente-índice qualquer, quer dizer, uma pessoa infectada, poderá contaminar. A taxa de letalidade, claro, é a quantidade de pessoas que morrem vítimas da doença.

No início de março, era difícil determinar com precisão a taxa de letalidade da Covid-19. No fim do mês, essa taxa permanece indefinida porque a doença continua em andamento no mundo. E estamos vendo diferentes respostas e protocolos nos vários países atingidos. Em alguns, vemos uma resposta de saúde pública mais agressiva; em outros, respostas de política de saúde no sentido de testar a população inteira, também agressivas; há outros, por fim, em que estão sendo dadas respostas completamente diversas.

Tamanha variedade afeta o denominador da taxa de letalidade. Então, quando tentamos comparar a taxa de letalidade entre os países, estamos, na realidade, comparando banana com laranja, porque os países têm protocolos e atuações diferenciados, o que influencia diretamente o cálculo da taxa. Mas vou usar como parâmetro a premissa utilizada em alguns artigos científicos — a de que, no final das contas, quando tudo isso passar, o grau de letalidade da doença será algo entre 1% e 2%.

O outro parâmetro importante, o RO, é o fator de reprodução, de contágio. O fator de contágio da Covid-19 estabelecido nos artigos científicos parece ser algo ao redor de 3 ou um pouco mais do que 3, dentro de um intervalo de confiança estatístico enorme, que varia de 1,5 até 6,5. Em outras palavras, no pior dos casos, um paciente infectado pode contaminar até seis ou mais pessoas. É uma taxa alta, muito maior que a da SARS, que, no começo dos anos 2000, ficava em torno de 1. Depois houve revisões e os cientistas passaram a considerar que, talvez, a taxa de contágio fosse menor, assim como o fator de reprodução, porque a epidemia acabou arrefecendo mais ou menos por si só.

Na época da epidemia de SARS, as medidas sanitárias foram rígidas porque a taxa de letalidade calculada era também alta, ficando um pouco abaixo de 10%. Então, a combinação fator de reprodução e fator de contágio com taxa de letalidade levou os países asiáticos afetados pela epidemia a tomarem medidas sanitárias muito restritivas.

A combinação que temos agora é a seguinte: considerando que a taxa de letalidade seja a que os artigos científicos hoje supõem — entre 1% e 2% —, essa taxa, combinada com o fator de contágio muito alto, de 3 na média, podendo chegar a mais de 6, torna essa doença perigosa. Mesmo que a taxa de letalidade fique entre 1% e 2%, trata-se de uma taxa muito alta com um grau de contágio enorme. Isso, por si só, confere credibilidade à defesa da adoção de medidas tão restritivas quanto à circulação de pessoas e ao contato social porque é assim, pelo contato entre as pessoas, que o vírus se propaga. Portanto, quando tentamos falar do custo econômico *versus* o problema da saúde, estamos tratando de uma situação inédita. Por quê? Essa é uma doença que mata muita gente, que se propaga com rapidez e apresenta fatores de imprevisibilidade importantes. Por exemplo, estudos científicos já estabeleceram que a Covid-19 tem uma variante enorme em termos de apresentação clínica. A forma como evolui também é imprevisível: você pode ter um quadro brando ou pode vir a desenvolver uma síndrome respiratória severa.

E há ainda o que os infectologistas estão chamando de *second-week crash*. O *second-week crash* diz respeito ao paciente que teve sintomas brandos no início e, na segunda semana, quando parece entrar em um quadro de recuperação, a doença reaparece, levando-o à hospitalização por causa de uma síndrome respiratória aguda. No mundo, entre 20% e 25% das pessoas infectadas acabam sendo hospitalizadas, muitas por causa desse *second-week crash*, momento em que o vírus, subitamente, ataca os pulmões. É importante reconhecer que 20% a 25% é uma taxa alta, por isso o sistema de saúde fica sobrecarregado e, consequentemente, existe a preocupação com o achatamento da curva de contágio.

Também é importante ter em mente que, embora idosos e pessoas com alguma condição de saúde preexistente sejam os que morrem mais rapidamente de Covid-19, pacientes hospitalizados, muitos dos quais passaram pelo *second-week crash* ou estão nesses 20% a 25%, são jovens que têm entre 20 e 45 anos.

Falta de ação e catástrofe

O que acontece se abandonarmos ou relaxarmos as medidas sanitárias que estão sendo adotadas por governadores e prefeitos no Brasil, entre as quais o distanciamento social, as quarentenas, o fechamento do comércio? Tudo isso tem, obviamente, efeitos na economia. Não dá para separar o que está acontecendo na área da saúde do que está acontecendo na economia, embora exista essa ideia falaciosa de que é melhor deixar a economia respirar sem as medidas sanitárias do que implementá-las. Na verdade, essa é uma falsa escolha. A única opção realmente é manter as medidas sanitárias.

No fim de março saiu uma primeira versão de um estudo interessantíssimo que deve ser publicado em breve, assinado por Carlos Starling, um infectologista internacionalmente reconhecido que trabalha em Belo Horizonte. Ele e seu coautor fizeram um modelo para o estado de Minas Gerais que pode ser extrapolado para o restante do país a partir de diversos cenários. Um desses modelos contempla um relaxamento das medidas sanitárias ou uma situação em que não há mais medidas sanitárias no país. Seguindo os números levantados por eles, e fazendo a minha própria extrapolação a partir desses números e do modelo que eles oferecem, dá para imaginar que, se não tivermos medida sanitária alguma, cerca de 50% a 60% da população vai se contaminar pelo vírus SARS-CoV-2, e vai se contaminar rapidamente. Se mencionamos algo entre 50% e 60% da população brasileira, estaremos falando de mais de 100 milhões de pessoas infectadas caso as medidas sanitárias não estejam sendo adotadas corretamente.

Como já dito, sabemos pelos dados de diversos países e por estudos científicos que cerca de 20% das pessoas que entram em contato com o vírus e se contaminam acabam sendo hospitalizadas. Vamos trabalhar com 20%. Se aplicarmos esses 20% nos mais ou menos 100 milhões de brasileiros que seriam contaminados caso não haja medidas sanitárias, estaremos falando de 20 milhões de pessoas. Vinte milhões de pessoas é igual a 10% da população brasileira. Vou repetir: 10% da população brasileira. Vinte milhões de pessoas acabariam sendo hospitalizadas em decorrência do vírus, só tomando como base os dados que temos ao redor do mundo e que sustentam o cálculo dos cientistas.

Agora, pare um minuto e imagine: 10% da população brasileira, isto é, 20 milhões de pessoas tendo que ser internadas por graves crises respiratórias. Tudo isso acontecendo mais ou menos ao mesmo tempo. Porque, se não há medida sanitária, o vírus se espalha e as pessoas vão começar a aparecer com sintomas e a ficar doentes todas mais ou menos simultaneamente. É inimaginável pensarmos que 10% da população pode necessitar de internação ao mesmo tempo. É óbvio que em país nenhum, em especial no Brasil, existe capacidade no sistema de saúde para dar conta desse volume de pessoas internadas.

Para tornar esse ponto mais claro, imagine se 10% da população necessitar de atendimento e não houver vagas disponíveis nos hospitais, ou se nem hospital houver: será que alguém imagina que isso não vai gerar uma situação de caos social no país, um desmantelamento total das lideranças políticas e da economia? Esse é o cenário do qual está se falando quando se considera relaxar ou extinguir as medidas sanitárias.

Resumindo: nesse quadro em que não são tomadas medidas sanitárias, o que acontece é o total colapso do sistema de saúde do país, ao lado de, evidentemente, um colapso social, um colapso político e um colapso econômico. Não vamos saber sair dessa situação tão cedo, para dizer o mínimo. Mas é certo que muito mais pessoas vão morrer do que morreriam se fossem adotados os controles que os infectologistas estão recomendando mundo afora.

Se o Brasil resistir e resolver achar que o vírus é uma gripezinha, como disse algumas vezes o presidente Jair Bolsonaro, o que vamos ver é esse panorama de catástrofe ou algo muito parecido com isso: um caos econômico, e político, e social, e institucional. Teríamos que reconstruir um país inteiro depois. O custo econômico é alto? Evidente que é um custo econômico muito alto, é um cenário muito duro, muita gente será afetada. Por isso os governos têm que tomar medidas extraordinárias. Por isso temos que proteger os mais vulneráveis com renda básica e liberar um dinheiro vultoso para o SUS. Por isso temos que estar atentos às favelas, onde as pessoas têm menos possibilidade de isolamento.

Essas são medidas para dar apoio à economia enquanto a pandemia não passa. A realidade é que a economia não vai voltar a funcionar normalmente enquanto a pandemia não passar, mesmo que as medidas sanitárias sejam relaxadas. E não é demais repetir que, se as medidas sanitárias forem relaxadas, haverá sobrecarga do sistema de saúde, que irá à falência. As pessoas vão morrer por essa doença e por outras e a economia irá para o buraco do mesmo jeito.

Em vez disso, o que proponho é uma situação em que as medidas sanitárias são impostas, a economia sofre e o governo entra com providências adequadas para enfrentar a crise. Tenho detalhado recorrentemente todas as ações que precisam ser adotadas pelo governo neste momento. Nos artigos que escrevi para *O Estado de S. Paulo* e para a revista *Época*, em 18 e 26 de março, respectivamente, abordei várias delas. Em linhas gerais são medidas relativas à rede de proteção social, às linhas de crédito para as empresas, ao montante de recursos para o SUS, à reconversão industrial, à inversão da pirâmide tributária em médio prazo e à assistência para os estados e municípios.

Mais detalhadamente, minhas propostas seriam: (a) um suplemento emergencial imediato do benefício do Bolsa Família em pelo menos 50%; (b) a instituição de uma renda básica mensal no valor de R$ 500 para os 36 milhões do Cadastro Único que não recebem Bolsa Família; (c) a abertura de R$ 50 bilhões em créditos extraordinários para a saúde, com a possibilidade de se aumentar esse montante; (d) aprovação do seguro-desemprego com maior celeridade e maior flexibilidade; (e) recursos emergenciais para os setores mais afetados pela crise no valor de pelo menos R$ 30 bilhões; (f) a abertura de linhas de crédito do BNDES para micro, pequenas e médias empresas, pois são elas as que mais empregam; (g) um programa de investimento público em infraestrutura para sustentar a economia no médio/longo prazo com a utilização de recursos do BNDES.

O meu ponto aqui é o seguinte: sabemos o que fazer para conter o pior dos estragos econômicos que virá como resultado das medidas sanitárias. Sabemos o que fazer, temos propostas, já há um consenso entre economistas do mundo todo nesse sentido. Não foi um consenso fácil de construir, mas ele foi alcançado e hoje está aí. As respostas estão dadas, é só o governo federal entrar em ação. É preciso parar de ficar batendo cabeça e fazer o que tem que ser feito.

A pandemia, infelizmente, não é algo passageiro, as medidas sanitárias vão permanecer conosco por um bom tempo e só poderão ser relaxadas muito gradualmente. Mas, passada a pandemia, sabemos o que fazer para reerguer a economia. Economistas já reconstruíram economias após situações de guerra. Economistas e, evidentemente, outros profissionais já reconstruíram economias e instituições após depressões econômicas. Enfim, há diversos casos em que isso já foi feito. E nós mesmos, no Brasil, dado o nosso histórico de crises — ainda que não tenha havido nenhuma dessa magnitude —, sabemos o que fazer na saída de uma crise para restabelecer uma economia. Há muita gente no Brasil capacitada para fazer esse movimento. Esse não é o nosso problema agora.

A economia é secundária a um problema muito maior, que é o problema de saúde pública. Precisamos concentrar esforços para que as mortes que seriam evitáveis com controle adequado de fato sejam evitadas. Esse é o nosso propósito, esse é o nosso objetivo. Nós sabemos reconstruir economias. O que não temos capacidade de fazer é repor as vidas que serão perdidas se relaxarmos o controle das medidas sanitárias antes do tempo.

Como tenho insistido, os economistas têm que estar na retaguarda, ajudando a formular as medidas emergenciais de curto e médio prazos necessárias. Eventualmente, também já precisarão ir desenhando ações de longo prazo, porque o processo de reconstrução econômica pode ser longo. O papel dos economistas não é ficar em meio ao debate falacioso que separa e opõe saúde e economia. Esse debate não deve existir. O que precisa existir neste momento é o cuidado sanitário para que se consiga o achatamento da curva epidemiológica. E os governos têm de oferecer sustentação à economia enquanto ela respirar por ventiladores mecânicos.

Nenhum economista que esteja olhando para o problema da pandemia e de seus efeitos sobre a economia pode ignorar as publicações científicas na área de infectologia. Não digo que um economista tenha de se transformar num infectologista. É claro que não. Um infectologista é uma pessoa com anos de estudos específicos que o economista não tem. Trata-se de o economista procurar se informar da melhor maneira possível, consultar as fontes confiáveis, conversar com pessoas da área. É o que um economista sério tem que fazer nessas circunstâncias para poder entender a magnitude do problema e, então, desenhar as soluções.

No momento, o tamanho do problema está nas mãos dos cientistas, dos infectologistas, das pessoas que têm condições de estar no comando do que está se passando. E cabe a nós, economistas, pegar as referências e os estudos que eles nos fornecem e, a partir daí, analisar o cenário, apresentá-lo à população, informá-la, orientar os governos, pensar respostas de política econômica. Enfim, cabe-nos tudo aquilo que é preciso fazer para atenuar o quadro o máximo possível.

Muita gente não está entendendo que a conexão pandemia-economia é necessária para podermos chegar à concepção geral do que está acontecendo no mundo agora. E isso é de suma importância para que as pessoas não sigam falando que o custo econômico será muito maior se implementarmos as medidas sanitárias. Essa é uma postura irresponsável que vai afetar vidas, matar gente. Vai matar sobretudo as pessoas mais vulneráveis, as pessoas que moram nas favelas, as pessoas mais pobres. Se isso for feito no Brasil será uma catástrofe.

Não existe escolha entre saúde e economia. A saúde vem em primeiro lugar. A economia, em segundo. A vida é soberana. Portanto, as medidas sanitárias têm que ser tomadas e a economia tem que ser apoiada pelo governo federal. Passada a pandemia, haverá partes da economia que terão sofrido mais, e nós, economistas, teremos que ajudar a reconstruí-las.

4

O QUE É RENDA BÁSICA

Em 30 de março o Senado aprovou por unanimidade o Projeto de Lei nº 1.185, que criou a Renda Básica Emergencial (RBE) no Brasil. No dia seguinte, o ministro da Economia disse em entrevista coletiva que seria necessária a aprovação de uma Proposta de Emenda Constitucional, uma PEC, para a liberação do benefício à população. Juristas se apressaram a contradizê-lo, afirmando que não havia essa necessidade. Ao mesmo tempo, membros do governo começaram a chamar o benefício de "coronavoucher" e o nome encontrou ressonância em diferentes vozes da imprensa.

Para esclarecer esses equívocos, é preciso entender, primeiro, o que é renda básica. Trata-se de uma transferência incondicional de renda do governo para a população ou para uma parcela da população. Transferências incondicionais são aquelas que não estão atreladas a qualquer requisito, diferentemente do programa Bolsa Família, por exemplo. Quando a renda básica é oferecida a uma parcela da população e não a todas as pessoas, são estabelecidos critérios para delimitar quem vai recebê-la.

A ideia da renda básica existe desde o final do século XVIII. Não é possível marcá-la ideologicamente porque ela tem sido abraçada por muitos, dos conservadores mais extremados, à direita, aos mais progressistas, à esquerda. Ela ganhou proeminência em épocas diferentes, mas, especialmente, no fim dos anos 1960, quando Milton Friedman, vencedor do Prêmio Nobel em Economia e ex-professor do ministro Paulo Guedes, escreveu sobre a criação de um imposto de renda negativo. Esse imposto negativo levaria os governos a pagar, na forma de transferências de renda, um fluxo mensal mínimo de recursos para os mais pobres. Embora o conceito não seja o da renda básica para todos, mantém íntima relação com a noção de uma renda básica para a parcela mais vulnerável da população.

Os mais vulneráveis têm sido os mais atingidos pela pandemia e pela crise econômica, como diversos estudos e análises vêm revelando. Por essa razão, a renda básica voltou ao centro do debate econômico. Alguns países, como a Espanha, pensam em adotá-la de forma permanente. Como outros países, no Brasil ela foi implementada—por enquanto—em caráter emergencial.

A Lei nº 13.998 de 2020, que instituiu a RBE em nosso país, garante o pagamento de R$ 600 mensais, ou seja, R$ 400 a mais que o valor inicialmente proposto pela equipe econômica, para 59,2 milhões de pessoas já registradas no Cadastro Único e outras mais que atendam aos critérios para receber o benefício. É importante ressaltar que as pessoas não inscritas no Cadastro Único são muitas vezes as que não apenas passaram a sentir as consequências mais graves da crise recentemente, como também as que já eram pobres e não dispunham de acesso aos programas de governo por motivos diversos. Em especial, porque muitos entram e saem continuamente do mercado de trabalho formal — de modo geral, aqueles que têm emprego formal não estão aptos a receber programas assistenciais, ainda que a condição de trabalho oscile muito. Assim, a RBE surgiu no Brasil não apenas como uma medida econômica de emergência, mas também como uma ação humanitária. Há muito ainda por fazer, mas essa foi uma grande conquista para a sociedade.

Dito isto, a distinção entre renda e "voucher" também precisa ficar clara. São conceitos diferentes. "Voucher" é uma palavra em inglês (e me pergunto, inclusive, o porquê da escolha de uma palavra em inglês) que significa "vale". Trata-se de algo que você recebe e pode utilizar para obter um desconto. Por exemplo, pode-se receber um voucher de uma loja para ter direito a um desconto em uma compra qualquer, ou um vale do governo para comprar comida. Tanto o voucher quanto o vale não representam um fluxo de recebíveis, valem apenas por um período.

Já uma renda tem uma conotação econômica diversa. Não se trata de um papel que representa um bem, um serviço ou um desconto. É um fluxo contínuo de recursos que você recebe por um determinado tempo. Salário é renda, dividendos são uma fonte de renda, transferências governamentais, ou transferências, que provêm de programas governamentais também são renda. Recipientes do programa Bolsa Família recebem uma renda, recipientes do programa RBE vão receber uma renda. Eles não vão receber um vale, mas dinheiro na conta. O que foi aprovado pelo Congresso não foi um vale para um período emergencial, e sim uma renda básica. Foi um fluxo de renda para a manutenção mínima da vida das pessoas durante esse período de quarentena, para que elas possam não trabalhar e, não trabalhando, contribuírem com a saúde pública.

Renda permanente: uma questão de cidadania

Por que é tão importante chamar a renda básica pelo seu nome correto, ou seja, "renda" e não "vale"? A Renda Básica Emergencial, no contexto da pandemia, é de fato uma resposta a uma situação de emergência, mas é preciso que passe de emergencial a permanente. É preciso que, num futuro próximo, possamos transformar todos esses programas sociais recebíveis pela população em uma renda básica permanente, que poderá ser destinada a todos, sem condicionantes. É para a Renda Básica Universal que devemos evoluir, e essa ideia precisa estar na cabeça das pessoas da forma correta e com a devida força.

Isso é fundamental por uma série de razões: por questões de cidadania, por prover recursos a pessoas que têm dificuldades de manter uma renda mínima de subsistência, por promover inclusão social e também contribuir para o futuro da economia brasileira. Conferir a uma parcela expressiva da população a garantia de uma renda mínima não é só uma questão de justiça social: ajuda a economia a funcionar melhor. É o que mostram estudos nos países e nas localidades em que algum tipo de renda básica permanente ou renda básica universal foi implantado.

Como então prosseguir? A RBE é o começo de um caminho já definido pelas características da pandemia. Para dar assistência e dignidade às pessoas mais pobres e vulneráveis será preciso que esse benefício seja permanente para, ao menos, os 77 milhões de indivíduos inscritos hoje no Cadastro Único. Mantendo o valor atual, de

R$ 600, esse programa de renda básica permanente custaria aos cofres públicos pouco mais de 7 pontos percentuais do PIB. Não é barato, mas não é um valor que quebre o país, principalmente se considerarmos que, depois da fase aguda da crise, esse benefício ajudaria a sustentar o consumo e as receitas do governo.

Evidentemente, isso não equivale a dizer que a renda básica permanente é um programa que se autofinancia. Será preciso destinar recursos à sua implementação. Em um primeiro momento, penso nos diversos fundos de que a União dispõe e hoje não são utilizados. Pode-se unificar parte deles para pagar a renda básica. No futuro, esta seria financiada por uma reforma tributária que revertesse a pirâmide de impostos brasileira, onerando, progressivamente, a renda e o patrimônio e desonerando consumo e produção.

É possível que a renda permanente tenha reverberação política, sobretudo com a devida pressão da sociedade. A RBE foi aprovada, afinal, por unanimidade na Câmara dos Deputados e no Senado. Vai ser difícil revogar esse benefício depois da crise, porque ele será de suma importância para muita gente e formará seu próprio público. Já há projetos de lei tramitando no Congresso para ampliar o contingente de pessoas que podem receber a RBE, o que é crucial, porque hoje ele está limitado a uma parcela relativamente restrita do Cadastro Único. Então, no mínimo, será preciso ampliar não só para os 77 milhões de indivíduos do Cadastro Único, como também para todas as pessoas que caem nos critérios definidos, deveriam estar no Cadastro Único e não estão. Portanto, essa é uma primeira linha de frente já em trâmite no Congresso.

Uma segunda linha de frente refere-se à ampliação do prazo de recebimento do benefício, que hoje é de três meses prorrogáveis, mas o ideal é que seja de, pelo menos, seis meses. Eu defendo doze meses prorrogáveis, e de novo: o sentido é de no futuro tornar o benefício permanente. Por que doze meses e por que o mínimo de seis? Porque, como tenho dito em todos os veículos possíveis desde o início da pandemia, esta não é uma crise de curta duração, que vai acabar em noventa dias. E as pessoas precisam ter a segurança de que estão sendo assistidas, de que o Estado está ali para atendê-las da forma adequada.

A situação ainda está em movimento. No projeto que instituiu a RBE havia, por exemplo, uma restrição para pessoas que receberam R$ 28 mil em 2019. Essas pessoas não eram elegíveis para o benefício, o que é um disparate, considerando que quem recebeu R$ 28 mil em 2019 pode hoje estar desempregado ou estar na economia informal. Essa restrição não fazia o menor sentido, mas houve pressão e ela foi derrubada. Então, é importante que todos saibam que o esforço despendido em prol da RBE (por representantes da sociedade civil, como na campanha Renda Básica Já!, e por lideranças políticas) não acaba com a sua adoção, em 1º de abril. O esforço tem de continuar. No Poder Legislativo as coisas estão andando, mas é fundamental que o Executivo, que é quem de fato vai adotar a medida e implementá-la, esteja fazendo o seu "dever de casa".

As alegações de que não há como sustentar esse benefício são falsas. A fonte do pagamento pode ser o superávit financeiro da União. Nós temos um superávit financeiro derivado de várias operações, inclusive das operações cambiais do Banco Central. Isso está registrado contabilmente, ou seja, nós temos esse dinheiro e ele é muito maior do que o que precisamos em termos de volume de recursos para pagar o benefício da RBE.

A segunda maneira que o governo tem de tornar os recursos disponíveis é pela emissão de dívida. Aliás, emissão de dívida é algo que o governo terá que fazer, queira ou não, para poder custear todos os gastos necessários durante este período tão difícil. Os gastos para o SUS, os gastos com a sustentação de empregos, a sustentação de salários. Sim, o governo vai precisar de dinheiro para isso também, para apoiar empresas. Como é que obtemos esses recursos? Emitindo dívida. Esse não é o momento para termos cuidados extremos com a dívida pública brasileira, já que se trata de uma situação de emergência absoluta. Emitir dívida salva vidas.

O que acontece, no entanto, com a emissão de dívida? Temos em nossa Constituição um dispositivo chamado "regra de ouro", uma regra que impede, constitucionalmente, que emissões de dívida sejam realizadas em determinadas circunstâncias e para além de determinados limites. A razão para termos incluído essa medida na Constituição deve-se a nosso passado de irresponsabilidade fiscal. O que se faz nessa situação, quando existe um fator limitante constitucional à emissão de dívida? Nós estamos em um estado de calamidade pública reconhecido pelo governo em decreto de 20 de março de 2020 com validade até 31 de dezembro de 2020. Isso significa que, hoje, dispositivos da Lei de Responsabilidade Fiscal, a LRF, e do teto dos gastos já estão em suspenso para permitir que gastos extraordinários sejam feitos. Mas a "regra de ouro" não é como a LRF, uma lei, e sim um dispositivo constitucional.

O que é possível fazer, então, se for preciso afrouxar a "regra de ouro" para poder emitir dívida capaz de atender à urgência do estado de calamidade? Urgência do estado de calamidade: estas são palavras que têm que estar na cabeça de todo mundo. O governo prepara uma medida provisória indicando as razões pelas quais precisa emitir dívida, para que finalidades a dívida vai ser emitida e em que valores essa dívida vai ser emitida. E, em paralelo, faz-se um projeto de lei para aprovação do Congresso, a fim de que a "regra de ouro" seja suspensa para a emissão de dívidas para as finalidades descritas na medida provisória.

Essa aprovação pelo Congresso não é complicada, pois é óbvio que os parlamentares vão aprovar a medida, todo mundo sabe que estamos em um estado de calamidade. Portanto, não existe a menor necessidade de mudar a Constituição para atender às demandas de emissão de dívida pelas quais o governo passará. Não é preciso emenda constitucional: basta que o governo modifique a "regra de ouro" em função do estado de calamidade. Por que então o governo não faz isso? Porque teme ser acusado por crime de responsabilidade mais adiante, o que é de uma total insensatez, visto que, se temos um notório estado de calamidade, esse risco não está posto. Não existe nenhum motivo para o governo deixar tanta gente na incerteza e na angústia de não saber o que vai fazer no dia seguinte ou o que vai fazer na próxima hora por falta de dinheiro.

Atrasos e hesitações para pagar uma renda como essa, nos termos de uma crise como a atual, são graves. Dois dias de atraso já fazem muita diferença para alguém que vive da renda que consegue levantar por meio de suas atividades dia a dia, como um ambulante ou o dono de um pequeno comércio. Dois dias que sejam é muito para quem depende daquela renda diária para poder comer e colocar comida na mesa de sua família. Tem muita gente no Brasil nessa situação hoje. E há quem esteja esperando há semanas.

Quanto ao futuro, a renda básica universal é o caminho que temos que trilhar. Trata-se da seguinte ideia: prover uma renda mínima para todas as pessoas, tanto as mais pobres quanto as mais ricas, e, ao mesmo tempo, instituir um Imposto de Renda progressivo para que a tributação dos mais ricos faça com que aquela renda adicional que receberam retorne aos cofres públicos na forma de tributos mais elevados para as rendas mais altas. Em tempos de escuridão, doença e tragédia, a renda básica nos apresenta a oportunidade de alcançarmos maior justiça social e liberdade. É passada a hora de resgatarmos esses valores.

5

E OS TRIBUTOS?

Diante da crise que avança, temos falado muito sobre os gastos e as medidas necessárias, e não tanto sobre a parte tributária. Mas a parte tributária é relevante por diversas razões, até mesmo por questões de equidade em um momento em que é preciso haver um esforço conjunto da sociedade, um esforço coletivo para tentar impedir que esta pandemia cause um imenso estrago no Brasil. Já está causando em diversas partes do mundo, e o Brasil, sendo o país que é, com a população vulnerável que tem, não pode de maneira nenhuma continuar defasado nas suas respostas. Mas ainda dá tempo de consertar o caminho.

Há dois grupos de medidas de tributação que considero importantes neste momento. Há as medidas de tributação que podem ser feitas de forma imediata, que não requerem muito em termos de legislação nem de outros esforços que exigem mais tempo. E há as medidas que podem demorar um pouco mais, mas que, ainda assim, precisam ser adotadas e implementadas a toque de caixa, porque estamos falando de uma situação emergencial e não de uma situação de normalidade.

São duas as medidas que podem ser adotadas já. A primeira é reonerar os dividendos, o que é fundamental para que se tenha a contribuição equitativa da qual eu falava. A segunda é que, hoje, as isenções de tributação sobre dividendos e de juros sobre capital próprio não são tratadas como renúncia fiscal, quer dizer, quando há essas isenções elas não são tratadas como um imposto que se deixou de pagar. Trata-se apenas de algo que não se paga.

Então, o que precisa acontecer de imediato é uma reinterpretação da isenção de dividendos e das isenções de juros sobre capital próprio para que estas possam ser enquadradas como renúncia fiscal pelo artigo 14 da Lei de Responsabilidade Fiscal. Ao enquadrá-las dessa forma abre-se espaço para que o governo federal possa reduzir o escopo dessas isenções, o que significa que ele pode passar a utilizar tais recursos também no combate à pandemia. Essas são ações que podem ser postas em prática de imediato. O Executivo e o Legislativo devem estar pensando nisso agora.

O terceiro grande tópico de medidas que precisa ser considerado imediatamente vai levar mais tempo para ser realizado. Não é algo que se consiga fazer de forma emergencial, mas talvez possa ser concretizado nos próximos meses. Trata-se da inversão da pirâmide tributária brasileira. Esta é a pirâmide tributária no Brasil (*ver Imagem 6*):

IMAGEM 6

Na base da pirâmide está quem é tributado mais e no topo quem é tributado menos. No topo, estão renda e patrimônio; embaixo, consumo e produção. Essa pirâmide tributária é extremamente prejudicial para a produtividade da economia brasileira, sobretudo neste momento de crise. Por quê? Porque ao tributar mais consumo e produção, você estará tributando os setores que hoje vão sofrer mais com a parada súbita da economia no país. Portanto, precisamos inverter essa pirâmide. Os países avançados têm uma pirâmide que é mais ou menos assim (*ver Imagem 7*):

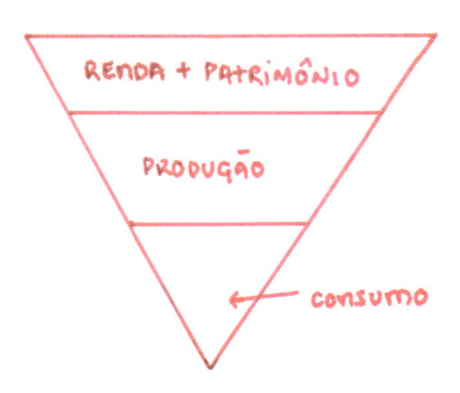

IMAGEM 7

Temos a renda e o patrimônio em cima, sendo tributados um pouco menos. A produção aparece no meio, sendo tributada um pouco mais. E o consumo está embaixo, tendo a maior tributação de todas. No Brasil, o que precisamos fazer é o seguinte (*ver Imagem 8*):

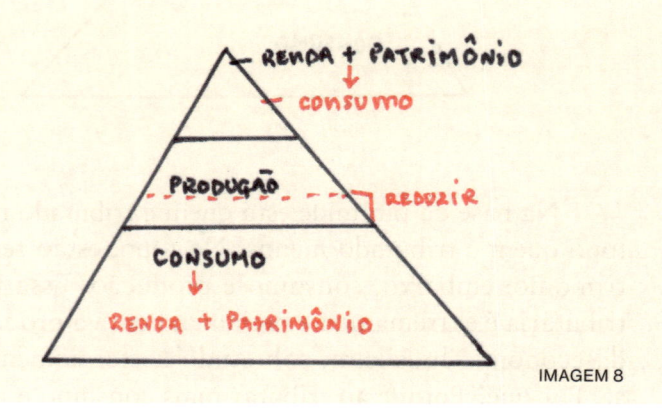

IMAGEM 8

Passar a tributar muito mais renda e patrimônio. Tributar a produção, sim. Alguns impostos são mantidos, mas a maior parte desse ônus é passada para a renda e o patrimônio, especialmente de forma progressiva, para as pessoas que têm maior renda e patrimônio, evidentemente. E, por fim, tributa-se o consumo. O que isso requer? Requer uma reforma tributária. Mas uma reforma tributária para enfrentar uma economia de pandemia. E a reforma tributária para enfrentar uma economia de pandemia é esta: mais tributos sobre renda e patrimônio, muito menos sobre produção e menos ainda sobre consumo.

Esforço coletivo e pressão
É preciso atacar nessas duas frentes. Primeiro, na tributação do que se pode fazer de imediato: a reoneração dos dividendos e a reinterpretação da isenção dos dividendos e dos juros sobre capital próprio. Depois, na inversão da pirâmide tributária brasileira, uma medida que vem em terceiro plano por não poder ser implementada de imediato. É em torno dessa reorganização que temos que mobilizar o Congresso e as pessoas empenhadas em pensar sobre isso. Há congressistas voltados para propostas que vão nessa linha. Não posso enfatizar a importância dessa medida mais do que tenho enfatizado. Não podemos perder tempo, crise é assim. Durante uma crise, você senta e faz. Começa a desenhar as medidas e a executar uma após outra com precisão, mas a toque de caixa.

Essa é a pior crise que nossa geração terá visto. Nós não vimos guerras nem outras pandemias dessa magnitude. Nunca vimos nada igual nem parecido com o que vamos enfrentar. Então, essas são as linhas em torno das quais devemos mobilizar e conscientizar constantemente a população. O que é necessário fazer para atender ao SUS, o que é necessário fazer para atender os mais vulneráveis, o que é necessário fazer para atender aos setores que vão ser mais atingidos, o que é necessário para dar alguma sustentação econômica e o que ajuda a financiar isso tudo. Tem que haver um esforço coletivo aqui. Coletivo envolve todo mundo, em especial empresas e pessoas que hoje têm condições de arcar, pelo menos em parte, com esse custo e amenizar, atenuar esse custo para a sociedade como um todo.

É preciso ir em frente, pressionar para que tudo seja executado com agilidade. Pressão em cima do governo funciona. Funcionou antes. Conseguimos, em um esforço de dez dias, converter a política econômica brasileira de uma agenda de reformas que não iam nos ajudar em nada em tempos de crise para uma agenda com uma série de medidas que agora o governo está tentando implantar. Mas essas medidas não serão suficientes. Elas precisam ser complementadas e o resto da sociedade brasileira precisa se envolver nesse esforço conjunto. Portanto, em pleno momento de crise, nós conseguimos mover moinhos. E é isso que estamos tentando continuar a fazer aqui.

6

O QUE É DEFLAÇÃO?

Deflação: esta é uma discussão que estará entre nós por algum tempo. Os riscos estão postos e as evidências de que estamos rumo a um processo deflacionário ficam mais claras a cada dia. O mercado de petróleo, em particular o mercado futuro, nos forneceu os primeiros indícios.

O mercado futuro é um mercado de derivativos em que os contratos transacionados são de compras e vendas futuras de petróleo. Esses contratos não são necessariamente para entrega do produto. Em alguns casos, empresas que querem transacionar petróleo compram ou vendem no mercado futuro. Mas também há *traders* no mercado futuro, fundos de *commodities*, fundos de *hedge*, isto é, fundos que não querem comprar nem vender o petróleo físico, mas negociar o contrato do qual o petróleo físico, que é um ativo, é objeto. No fim de abril, começamos a ver esse mercado operar de modo disfuncional. Vimos o preço dos contratos de compra de petróleo cair abaixo de zero e os contratos com vencimento em junho e julho serem negociados a um preço muito baixo. Houve, enfim, uma queda expressiva em comparação com a negociação desses contratos antes da pandemia.

O que aconteceu no fim de abril foi uma sinalização típica de um quadro deflacionário. Vimos não só uma queda extraordinária do preço, mas também o preço chegar a ficar negativo. Ou seja, quem estava tentando se desfazer de contratos de compra de petróleo no mercado futuro não encontrava ninguém na outra ponta da transação. Na ausência de compradores—pessoas, agentes, instituições financeiras, empresas—, os portadores desses contratos eram obrigados a pagar para se desfazer deles, o que é uma anomalia, em particular no mercado futuro de petróleo. Tal fato jamais havia acontecido.

Isso revela que, hoje, as empresas de petróleo ou as empresas que usam o produto estão todas com excesso de estoque. E elas viram uma mudança abrupta no cenário de suas operações, porque, em janeiro e fevereiro, a perspectiva era de crescimento da economia mundial e também de crescimento em vários países. De repente, esse cenário mudou para retração do PIB global, por causa da pandemia. Segundo as projeções do Fundo Monetário Internacional, divulgadas em janeiro deste ano, tínhamos uma expansão na faixa de 3%. Em pouquíssimos meses, isto é, em abril, essa projeção de +3% mudou para uma queda de -3% no PIB global. De lá para cá, as projeções do FMI sofreram novas revisões, para pior, e o quadro mais provável é que isso continue a ocorrer. Mas o ponto fundamental é que nunca se viu uma virada do PIB global dessa ordem de grandeza.

O que está acontecendo no mercado futuro de petróleo é um indício do que poderá ocorrer em diversos outros mercados, em decorrência da parada súbita da oferta e da demanda, ainda mais forte na demanda do que na oferta. O funcionamento da economia está alterado: algumas empresas estão produzindo, outras não. Quem produz opera com uma capacidade muito menor do que antes; do lado da demanda, vemos uma parada muito mais abrupta. Quando a demanda cai tão significativamente e há uma parada repentina no consumo e no investimento, começamos a nos deparar com o fenômeno da deflação. A deflação, sobretudo a espiral deflacionária, é algo que assusta os economistas tanto quanto uma espiral inflacionária ou hiperinflacionária — ou até mais. Vamos, então, retomar de forma simples, mas precisa, esses conceitos para tornar mais claro o raciocínio.

As expectativas autorrealizáveis
Inflação é uma alta dos preços que pode se dar num nível relativamente baixo, médio, alto ou muito alto. Quando estamos em um nível cronicamente elevado, o que em geral começa a acontecer é um processo hiperinflacionário, uma espiral descontrolada de alta de preços. Já vimos essa situação no Brasil, no passado. Também a vimos em outras partes do mundo, inclusive em tempos recentes. A Venezuela, por exemplo, até alguns meses atrás sofria um processo hiperinflacionário bastante grave, a pior hiperinflação que a América Latina já viu. Não se sabe exatamente o tamanho dessa hiperinflação porque não temos dados do país. Temos alguma noção do que estava se passando por lá, mas não dados.

Deflação é o contrário de hiperinflação: é uma espiral de queda generalizada de preços. Em tese, poderíamos supor que uma queda dos preços seria algo positivo, porque as pessoas teriam mais capacidade de consumo. Em algum momento esse processo deveria ser autossustentável ou dispor de um mecanismo endógeno de parada. Em algum momento o processo pararia porque pessoas com maior capacidade de consumo poderiam comprar mais, consumir mais, e a demanda aumentaria. Só que não é assim que funciona. A espiral deflacionária aparece da seguinte forma: o nível geral de preços da economia começa a cair; todos os preços entram em queda; se a queda persiste, tem início então um processo de reviravolta de expectativas.

Uso o termo "expectativas" aqui para explicar outro aspecto importante da economia. Na ciência econômica, pensamos com base no que interpretamos daquilo que observamos que está acontecendo com as expectativas. Isso significa que nós olhamos não só para o que está acontecendo, mas também para como as pessoas esperam que determinadas coisas aconteçam. Dando um exemplo concreto, da vida cotidiana: no início da pandemia, itens como papel higiênico e álcool em gel começaram a sumir das farmácias e dos supermercados. Essas cenas, sobretudo a corrida aos supermercados pelo papel higiênico, foram registradas em vários países e as imagens circularam o mundo. Trata-se de um típico processo de expectativas. O que acontece numa situação como essa? De modo muito simples: temos uma pandemia, o governo anuncia que vai adotar medidas de isolamento e distanciamento social e as autoridades começam a dizer às pessoas que elas precisam estocar mantimentos, conforme se verificou nos Estados Unidos. As pessoas então correm para os supermercados, para as farmácias, e fazem compras na expectativa de que logo as prateleiras estarão vazias.

Um aspecto interessante desse fenômeno específico é que, se todos pensarem da mesma forma—e há uma tendência a esse tipo de atitude em momentos de pânico—, os produtos de fato desaparecerão das prateleiras.

Porque leva certo tempo para que os supermercados e as farmácias sejam capazes de se reabastecer de tudo o que foi consumido repentinamente, em ritmo mais acelerado que o habitual. Essa situação ilustra bem como a forma de ação das pessoas em determinadas circunstâncias, aliada ao tempo necessário para o reabastecimento dos estabelecimentos comerciais, cria uma expectativa autorrealizável—no caso, a de que os produtos vão faltar.

Chamo a atenção para esse aspecto porque nós costumamos não nos dar conta de que as expectativas têm um papel muito importante na determinação do que acontece, e isso se aplica à economia. Quando os preços começam a cair, passa a haver uma expectativa de que continuarão a cair. Se as pessoas não tiverem necessidade imediata de consumo, elas tendem a esperar que os preços caiam ainda mais para começar a gastar. Se todos os consumidores agirem dessa forma, ocorrerá o que se viu no episódio do papel higiênico e do álcool em gel.

Formulando agora em termos mais gerais, as expectativas de quedas adicionais de preço tendem a ser autorrealizáveis. Qual a relação disso com o problema da deflação? Se todos continuam se comportando assim, indefinidamente, entra-se em uma espiral deflacionária, uma espiral em que a queda de preços continua a acontecer porque há expectativa de que ela continue a acontecer, e assim por diante. Releia as linhas mais acima e repare: a espiral deflacionária não tem mecanismo intrínseco, ou "endógeno", de parada, o que significa que não há nada na própria espiral que faça cessar o processo, que o interrompa. A espiral deflacionária continuará ativa mesmo que o único mecanismo em ação seja a expectativa das pessoas.

Se acrescentarmos outros ingredientes, teremos um quadro ainda mais elaborado. Vamos partir de um contexto em que os preços estão em queda, ninguém está consumindo, e em que há, por consequência, insuficiência de demanda. O que começa a acontecer? Do lado das empresas, a insuficiência de demanda e a queda no preço levam a uma queda na produção. À medida que a produção cai, a economia sofre outros tipos de pressão. As empresas que precisam produzir menos podem passar por dificuldades que as forcem a demitir pessoas. Com isso há um aumento do desemprego. E a espiral continua. O desemprego e a queda da produção geram pressões adicionais sobre os preços, justificando as expectativas iniciais e fazendo com que eles continuem caindo. É difícil, portanto, estancar uma espiral deflacionária, uma vez que ela tenha se iniciado. Eventualmente é possível amenizá-la, fazendo com que os preços parem de cair tão rapidamente, contudo, muitas vezes eles continuarão a cair.

Ao contrário das hiperinflações, temos pouca experiência com processos deflacionários. Houve processos deflacionários em alguns países décadas atrás, nos anos 1930, durante a Grande Depressão. Esses processos se entranharam de tal forma na economia que só foi possível interrompê-los quando os governos atuaram com mais agressividade. Nos Estados Unidos implantou-se o New Deal, um conjunto de medidas de natureza fiscal adotado pelo presidente Franklin Delano Roosevelt (1933-1945) que vigorou de 1933 a 1939, quando teve início a Segunda Guerra Mundial. O programa continha uma série de formas de atuação do Estado na economia para ajudar na sua recuperação e restabelecer as relações de mercado sobre bases mais igualitárias. Em outros lugares, foram adotados outros tipos de política. Veio a guerra e a deflação foi embora, mas por uma razão que está longe de ser uma recomendação de política econômica. Sair de deflações não é algo simples.

Depois da Grande Depressão, o único exemplo real de deflação se deu no Japão, nos anos 2000. O país passou por uma forte crise no mercado imobiliário que levou a uma bolha de preços de imóveis e essa bolha estourou. Os bancos, que detinham inúmeras dessas dívidas, entraram em colapso. O Banco Central japonês demorou demais para agir e os bancos passaram a não conceder empréstimos. Como consequência, as empresas começaram a sofrer, e assim se entrou em uma espiral deflacionária nunca realmente resolvida. Tentou-se de muitas formas fazer a economia voltar a funcionar como antes da crise dos anos 1990, mas, por ora, sem sucesso. Logo depois da crise financeira de 2008, o país adotou uma série de medidas de estímulo e, embora a deflação tenha desaparecido, o Japão permaneceu com uma taxa de inflação muito baixa. Assim como inflações persistentemente altas são prejudiciais para a economia, inflações persistentemente baixas—sobretudo quando muito baixas—também são problemáticas. Muitas vezes são um sinal de que a economia perdeu dinamismo e está com dificuldades de recuperá-lo.

Como extrapolar esses dois exemplos pontuais, circunscritos às condições específicas, para pensar o processo deflacionário que está por vir e seus riscos nos nossos dias? Esse é o dilema que o mundo está enfrentando.

O ponto fundamental aqui é que nunca enfrentamos um risco de deflação e de espiral deflacionária como o atual. Nem na crise de 2008. Em 2008, conhecíamos a natureza da crise. Demoramos algum tempo para identificar sua magnitude porque ela, de fato, foi surpreendentemente forte e se espalhou pelo mundo com rapidez, mas sabíamos quais eram as suas causas. Conhecendo as causas, tínhamos condições de formular respostas. Houve uma ação agressiva por parte dos governos, dos bancos centrais, de estímulos monetários e fiscais que, ao final, foram suficientes para estancar o risco deflacionário — e até mais do que suficientes, dado que o problema era apenas financeiro e econômico. País nenhum entrou em espiral deflacionária.

    O que enfrentamos hoje é diferente. Por mais que adotemos as medidas necessárias — e o Brasil tem estado atrasado nisso — não vamos conseguir estancar totalmente os riscos, já que na crise atual os riscos para a economia não são originados na economia, mas em uma crise de saúde. Como tenho dito recorrentemente, isso, de certo modo, independe da adoção da quarentena. Com a quarentena, vivemos uma parada súbita da economia e temos que responder a ela de imediato; no entanto, a resposta não será suficiente para estancar a queda do PIB nem, talvez, uma potencial espiral deflacionária. Provavelmente veremos a deflação surgir em vários lugares do mundo, a começar pelos Estados Unidos. O risco de deflação no Brasil é cada vez maior e está diretamente atrelado à inação do governo federal, o que é um fator importante.

    Como disse, esse quadro de deflação generalizada no mundo é, *per se*, inédito e desafiador, mas deve ser particularmente desafiador para os países que resolverem relaxar a quarentena de forma prematura. No caso do Brasil, a insistência em dar ao debate a forma "quarentena *versus* economia" revela um olhar simplista, equivocado, se não mal-intencionado e leviano sobre o problema, já que não deveria se tratar de uma escolha. E um efeito desse olhar, ao qual segue uma determinada política de saúde e econômica, é trocar um risco imediato por um risco futuro de depressão e deflação.

Se a quarentena for feita hoje, a crise com potencial deflacionário ocorre hoje, ou tem um potencial maior de acontecer hoje. Se não se impõe a quarentena e se permite que a pandemia corra solta, o que ocorre é um colapso do sistema de saúde que leva a um colapso econômico. É incontornável. Um colapso do sistema de saúde, em que toda a população fica desassistida—quem está e quem não está infectado pela doença—, é uma situação que provoca pânico na sociedade e também expectativas muito negativas em relação à economia. Basta se ter uma expectativa negativa a respeito do que vai acontecer com a economia, basta o consumidor ficar com medo, para que o colapso econômico se realize.

Então, o colapso e o risco de depressão e deflação independem de haver ou não quarentena. Esse é um ponto que ainda não está claro para todos. Com ou sem quarentena, os riscos são de depressão econômica e deflação em escala jamais vista. E todos os países serão afetados, ainda que de formas diferentes. Não há dúvida de que os que resolverem tratar a pandemia com displicência sofrerão muito mais do que os outros. Mas volto a dizer: nós jamais passamos por isso nessa magnitude em nível global.

Em abril, o presidente do Sistema Federal de Reservas dos Estados Unidos, ou FED (na sigla em inglês), Jerome Powell, declarou em entrevista que não seria possível fazer projeções econômicas naquele momento porque ainda não se sabia exatamente como pensar a situação. A melhor forma de entender a fala de Powell é admitir que o FED, o Banco Central americano, que normalmente tem a capacidade de fazer esse tipo de sinalização para o mercado, para as empresas e as pessoas de modo geral, decidiu não fazer projeções econômicas prematuras para não causar desinformação.

Essas são questões que se colocam para o Brasil. Em abril, investidores e empresas estrangeiras já estavam demonstrando extrema preocupação com a situação do país. Não é exagero dizer que a maneira como se vem agindo em relação à pandemia e à economia no país tem feito do Brasil uma espécie de pária internacional. Evidentemente, a mensagem não é positiva. Ao contrário, é grave.

Um cabo de guerra em curso

Um dos reflexos da pandemia é que os estados brasileiros estão passando por uma queda acentuada de arrecadação. A maioria já estava em dificuldades financeiras e esse quadro tende a se agravar porque ainda não há um acordo entre a União e os governadores a respeito do tipo de socorro que os estados e os municípios vão receber. Há discussões e projetos de lei em andamento, mas o debate está fluido, em um contexto em que há estados e municípios que podem não ter capacidade de pagamento do mês corrente. Isso significa que já há municípios em que serviços básicos e serviços essenciais podem parar de funcionar.

A situação está assim pelo panorama econômico e pela crise de saúde pública, mas também pela falta de resposta do governo federal. Imagine os municípios começando a não ter capacidade de pagar serviços básicos. Não conseguindo pagar salários. Não podendo pagar salários de policiais, de quem faz coleta de lixo, enfim, não podendo arcar com todos os serviços básicos que são de sua responsabilidade. Em algum momento essa interrupção da prestação de serviços básicos poderá gerar uma situação de colapso e de caos social. Agora imagine isso em meio a uma pandemia.

Já sabemos que nossa travessia com o governo Bolsonaro gerindo a crise será complicada. Daqui até o fim do seu mandato, este será um governo de gestão de crise. Não será outra coisa. Não haverá nenhuma agenda de crescimento e desenvolvimento, uma vez que a agenda Paulo Guedes de desenvolvimento era baseada na aposta de que, feitas as reformas, haveria confiança e aí a economia cresceria. A ideia de Paulo Guedes a respeito de crescimento econômico estava, assim, totalmente fundamentada, totalmente calcada em expectativas. Mas não se pode fazer um país crescer só por expectativas, porque elas são voláteis. Não se pode contar só com isso, é preciso implementar uma porção de outras coisas. E se antes já não havia uma agenda bem articulada de desenvolvimento para o país, certamente ela é inexistente agora.

A Câmara Federal tem apresentado algumas boas iniciativas para tentar conter a queda da receita dos estados e municípios, com propostas para manter a integralidade do ICMS com os estados e outras relativas às receitas. O problema é que não seremos capazes de manter as receitas integralmente. Lembre-se: a economia está em declínio e a capacidade de arrecadação, seja em nível federal, seja em nível estadual, depende do estado da economia. Se a economia está encolhendo, a base de arrecadação, que é a renda produzida no país, também encolhe. Portanto, a capacidade de gerar receita vai diminuir. Ainda que sejam adotadas medidas para manter a arrecadação de determinados impostos integralmente com os estados, sem uma redistribuição daquilo que é coletado para a União vamos ter uma queda importante de receita por causa da queda do PIB: com uma redistribuição desse tipo, a queda será evidentemente menor.

Podemos pensar no PIB no âmbito nacional e no âmbito subnacional, em cada estado: isso vai acontecer de toda forma. Então, a questão dos estados e dos municípios passa não apenas por tentar preservar receita, porque não será possível preservar a receita de forma integral, mas também, e necessariamente, por recursos, repasses diretos para os estados. Recursos dados pela União. A União se endivida e repassa o recurso para o estado. Não existe outro modo de proceder. No momento, essa discussão, fundamental, está travada de diversas maneiras. Uma das mais graves travas reside no impasse criado por insistência do presidente da República em relaxar as quarentenas, em contraposição à insistência de diversos governadores em manter a postura responsável de não fazer o relaxamento. Há um cabo de guerra em curso.

E esse cabo de guerra não é o único: em muitos estados governadores estão tentando usar a oportunidade que a pandemia abre para pressionar o governo federal a lhes conceder capacidade própria de endividamento. Em outras palavras, alguns estados demandam que o governo federal permita que eles se endividem como bem entenderem. Trata-se de uma situação de alto risco para as contas públicas brasileiras. Temos que fazer o possível para combater essa crise. Tenho defendido que gastemos o que for preciso, mas também é necessário manter certo controle sobre o que está sendo feito.

A partir do momento em que se permite que estados e municípios emitam dívidas, gastem, façam o que quiserem sem qualquer coordenação centralizada, perde-se completamente o controle do que vai acontecer com a dívida pública. Porque, em última análise, dado que os estados e municípios já estão em má situação financeira, quem absorverá essas dívidas será a União. O ideal é que a União, responsavelmente, faça a distribuição de recursos para os estados de acordo com a necessidade de cada um. Mas a discussão não está colocada dessa forma. Há embates. Os governadores querem certo grau de autonomia; os técnicos do governo federal não querem permitir isso, no que não estão errados.

Para além de tudo, há um problema político maior: o presidente usa a quarentena como uma espécie de carta branca ou instrumento de chantagem em sua relação com os estados, de modo que quem não atender às demandas dele fica ameaçado de não receber os recursos necessários. Essa é a situação atual no Brasil, e ela é perigosa.

7

O QUE É MOEDA? O GOVERNO DEVE IMPRIMIR DINHEIRO?

O conceito de moeda parece mais óbvio do que é. Comecemos então por perguntar por que ele não é óbvio. Séculos atrás, no passado — e em alguns casos não precisamos sequer ir tão longe no tempo —, havia dois tipos de moeda, ou de formas de se pensar sobre moeda. E essas duas formas se referiam ao fato de a moeda ter ou não valor intrínseco. O que significa ter valor intrínseco?

Tomemos como exemplo uma moeda de ouro. Quando se operava não só com o padrão-ouro, mas bem antes disso, quando havia uma espécie de moeda única no mundo — falamos da época do mercantilismo, no século XVII —, as transações eram realizadas com moedas feitas a partir de metais preciosos, como ouro, prata ou bronze, sendo as de ouro ou prata as mais comuns. Moedas desse tipo têm um valor intrínseco, porque o seu valor é correspondente à quantidade de ouro (prata ou bronze) usada em sua fabricação. O que determina o seu valor é a quantidade do metal precioso no objeto usado como moeda. Logo, uma moeda de ouro não precisa ser respaldada por nada, pois é dotada de um valor intrínseco, tem um valor em si.

Embora de modo geral o valor intrínseco da moeda diga respeito ao passado, essa noção continua sendo útil para entender o presente. Vou ilustrar essa ideia com um episódio que faz parte da minha experiência profissional. No início da minha carreira, no FMI, trabalhei na Papua-Nova Guiné. Trata-se de um país pobre, pouco desenvolvido para as métricas empregadas por instituições internacionais e com uma economia muito pouco monetizada, o que significa que em determinadas áreas do país não há moeda em circulação. Nessas áreas a moeda é substituída pelo escambo, a troca de bens e serviços por outros bens e serviços, com uma taxa implícita de troca entre esses bens e serviços. Como lá a principal fonte de proteína na alimentação das pessoas é a carne suína, os porcos funcionam como moeda em boa parte do país, "moeda" que, nesse caso, tem um valor intrínseco: trata-se de um porquinho, usado para adquirir o que se quer, para comprar as coisas que se deseja ou precisa. Em outras partes do país há monetização, e circula o kina, o papel-moeda nacional, cujo nome é emprestado de um tipo de concha, uma espécie de marisco que tem um furo no meio e servia como moeda. Assim, a atual moeda fiduciária da Papua-Nova Guiné tem o nome e a imagem dessa concha impressa em todas as notas, evocando uma de suas moedas passadas.

O conceito de inflação, quando a moeda tem um valor intrínseco, é interessante. Séculos atrás, países entraram em guerra e se viram em dificuldade com as suas reservas de ouro, o que lhes diminuiu a capacidade de cunhar moedas com um determinado conteúdo de ouro. Endividados pelas guerras, esses países passaram a cunhar moedas com cada vez menos ouro, na esperança de que fossem aceitas com o mesmo valor de antes, ainda que a quantidade do metal nelas fosse menor. Evidentemente não deu certo.

O desbastamento da moeda — que, no caso de uma moeda de ouro, consiste em reduzir o conteúdo de ouro que aquela moeda normalmente teria — é o correspondente inflacionário para moedas que não têm valor intrínseco. É o mesmo que dizer que se uma moeda que possuía um valor x, porque tinha um conteúdo x de ouro, passa a ter um conteúdo y de ouro, que é menor do que x, sendo a diferença entre x e y equivalente a um tipo de inflação, agora são necessárias mais moedas com o conteúdo y para comprar o mesmo que x comprava antes. Quando se desbasta uma moeda que tem valor intrínseco, gera-se um processo inflacionário que equivale à corrosão literal dessa moeda.

Os nossos sistemas monetários operam atualmente com moedas que não têm valor intrínseco, são as chamadas moedas fiduciárias: o papel-moeda. Uma nota de R$ 1, por exemplo, é um papel-moeda. Talvez o seu valor intrínseco seja o custo da sua produção, o que equivale a um valor irrisório. No entanto, nós aceitamos a nota de R$ 1 por seu valor de face, pelo que está impresso nela, porque acreditamos que o governo será capaz de ressarcir aquele valor de alguma maneira. Isso significa que a moeda que não tem valor intrínseco depende de um respaldo, de um lastro, como dizemos em economia. Que lastro é esse? É aqui que entra a estreita ligação entre moeda e política fiscal.

O fator confiança

O lastro da moeda é sempre a capacidade de pagamento do governo, entendendo-se por lastro a confiança que essa moeda gera. Se houver razões para se duvidar da capacidade do governo de ressarcir o valor impresso na nota, isso naturalmente gerará um repúdio à moeda, e esse repúdio pode levar a um processo inflacionário. No entanto, se houver razões para se confiar que aquele valor impresso será ressarcido, implicitamente se acredita na capacidade de pagamento do governo, vale dizer, no respaldo fiscal, no lastro fiscal daquela moeda.

Talvez você nunca tenha parado para pensar sobre essa confiança, mas ela está ligada a algo concreto, não é um fenômeno que nasce do ar, sobretudo em se tratando de moeda fiduciária, que não tem valor intrínseco. Sem valor intrínseco, a confiança tem que vir de algum lugar, depende do lastro fiscal, da solidez fiscal de longo prazo ou da percepção de solidez, da confiança das pessoas na capacidade do governo de honrar o valor daquela nota. É por isso que a política monetária e a política fiscal estão diretamente entrelaçadas. Elas estão sempre entrelaçadas, em certo sentido.

É por esse motivo ainda que no Brasil, quando tivemos desarranjos fiscais muito graves, também tivemos grandes desarranjos monetários. Desarranjos fiscais e desarranjos monetários tendem a andar juntos. E é por essa razão também que se questiona, agora, o risco inflacionário das medidas do governo, que envolvem um aumento brutal dos gastos que levará a um enfraquecimento da solidez fiscal. É o que se vê quando se tem esse tipo de crise e é o que deve acontecer praticamente no mundo todo e não somente no Brasil.

Em relação ao risco de que essas medidas possam gerar um processo inflacionário, algum tipo de hiperinflação, temos que considerar o seguinte: o desequilíbrio fiscal, se quisermos chamar assim, que vai ocorrer é do tipo que ocorre como resposta a uma crise, e não por imprudência governamental. Essa é uma distinção importante quando se trata do elemento confiança na moeda, que é uma das bases para o processo inflacionário. Quando estamos diante de um governo que faz gastos de forma imprudente, há uma quebra natural de confiança em relação ao valor da moeda. Ainda que nem todos o tenham na consciência, como objeto de pensamento, esse é um dos componentes que podem gerar um processo inflacionário.

A situação que vivemos hoje, no entanto, é completamente diferente. O que está acontecendo com o lado fiscal do governo é uma resposta direta a uma crise grave. Em algum momento a questão fiscal terá de ser enfrentada, mas agora não é o momento. Não se trata de imprudência, mas do contrário: tentar frear o necessário aumento de gastos antes do tempo aumenta os riscos de que a crise econômica se aprofunde. No caso do governo brasileiro, especificamente, as medidas fiscais não foram sequer tomadas da forma mais adequada. E quando esse governo finalmente se dispuser a agir, caso se disponha a agir, estará sendo prudente, porque responder adequadamente à questão da saúde pública agora é a única maneira de dar apoio à economia. Em tais circunstâncias, o elemento confiança, isto é, a percepção de que os agentes econômicos têm das ações do governo relacionadas ao aspecto fiscal da vida nacional, não é relevante no que diz respeito ao risco inflacionário — pois o risco inflacionário ante um quadro de depressão econômica possível na realidade não existe. Então nós podemos deixá-lo de lado.

Os outros elementos têm a ver com o ponto em que a economia se encontra. Sabemos que quando o consumo está subindo muito, ou a demanda da economia como um todo está subindo demais, temos pressão de salários, o que gera pressão nos preços e deflagra um processo inflacionário. Há ocasiões em que o processo inflacionário pode ser deflagrado por políticas fiscais excessivamente lenientes, muitos gastos, e por aí vai. Também não é esse o nosso momento. Hoje o governo gasta mais—ainda que não adequadamente para responder à crise sanitária e à criação de condições de retomada das atividades econômicas—, mas não se tem nem investimento nem consumo. O governo está suprindo as lacunas da demanda de forma inadequada, lacunas que estão surgindo pela queda do consumo e do investimento diante da dimensão da crise.

Então não há como termos um processo inflacionário proveniente desse canal, porque não haverá aquecimento de demanda: haverá justamente um revés. O governo precisa dar apoio a essa demanda. Poderíamos ter um problema inflacionário pelo lado da oferta, já que essa crise também leva a uma parada das empresas, a uma queda da produção e, potencialmente, a uma escassez de bens e de serviços, que pode fazer os preços subirem. Essa seria uma hipótese plausível, não fosse a queda da demanda, muito expressiva também.

Há outras situações em que temos um aumento significativo no preço de algum insumo fundamental. A título de exemplo, vamos usar o aumento de preço do petróleo. Como o petróleo é um insumo fundamental nas cadeias de produção, quando o seu preço sobe, a alta do preço joga para cima os custos das empresas, e as empresas, a depender da situação econômica, podem repassar esse aumento de custos para o consumidor. Nesse caso, vemos um aumento inflacionário vindo mais pelo lado da oferta e menos pelo lado da demanda.

Mas também não é essa a situação que enfrentamos hoje, porque, ainda que a produção caia, como a demanda também está caindo o equilíbrio entre oferta e demanda não se dará, necessariamente, em um nível de preços muito elevados. O que estamos percebendo como inflação é algo que pode estar acontecendo temporariamente em função das corridas a supermercados e do desabastecimento de alguns produtos aqui e ali, porque o próprio desabastecimento acaba gerando uma alta temporária de preços, conforme já vimos. Isso, sim, ocorre. Mas não quer dizer que essa corrida terá um efeito duradouro sobre os preços. Como há uma supressão da demanda associada a essa crise, a inflação como um todo tende a ficar baixa. Ela não vai aumentar em decorrência do choque de oferta, ou pode até aumentar um pouco, temporariamente, porém depois se reequilibra, porque a demanda não vai estar lá.

Passo então a outro ponto: a ideia de imprimir dinheiro. Será que não deveríamos imprimir dinheiro? Para responder a essa pergunta, precisamos ter uma noção um pouco mais aprofundada sobre o que significa impressão de dinheiro. Em função da crise, o Banco Central brasileiro, o Bacen, poderá fazer algo que lhe era vedado e que bancos centrais do mundo todo vêm fazendo desde a crise de 2008: a compra de títulos do governo. Retomarei esse tema no Capítulo 9.

Voltemos, então, a 2008 por um instante. Naquele ano, houve uma crise econômica severa. Nos países em que ela foi especialmente intensa, como nos Estados Unidos, no Reino Unido, no Japão e nos países da Europa continental, isto é, nos grandes centros financeiros internacionais, o que os bancos centrais fizeram? Eles muitas vezes reduziram os juros até o nível zero. A taxa básica de juros praticada por esses bancos centrais — que no Brasil chamamos de Selic — foi zerada. Quando se chega a uma situação de taxa de juros igual a zero, parece que o Banco Central não tem mais poder de atuação na política monetária, porque os juros são o instrumento monetário por excelência.

Houve então, momentaneamente, um dilema em relação ao que fazer quando se alcança esse limite: hoje já sabemos que não precisamos trabalhar necessariamente com o limite zero, aprendemos isso com a crise de 2008. Mas, na ocasião, era esse o dilema. E o que se fez foi o seguinte: já que não era mais possível reduzir os juros, porque eles já tinham batido em zero—juros nominais, taxas de juros pura e simples, sem descontar a inflação—, muitos bancos centrais, como o FED, tomaram as rédeas da situação e passaram a comprar títulos no mercado secundário. O que acontece quando um Banco Central compra títulos do governo no mercado secundário?

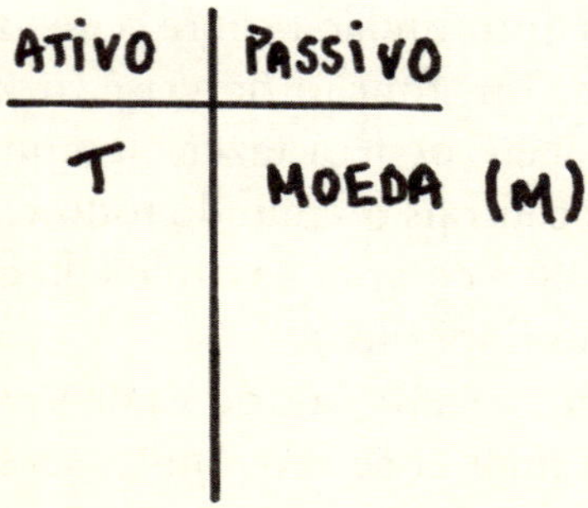

ATIVO	PASSIVO
T	MOEDA (M)

IMAGEM 9

A Imagem 9 traz o diagrama de um balanço simples do Banco Central. Do lado do ativo (A) temos os títulos do governo e do lado do passivo (P), a moeda (M). Quando o Banco Central compra um título—o título, lembre-se, é um papel, não tem liquidez, não é moeda —, ele o compra das mãos de alguém, por exemplo, de um banco, ou no mercado secundário de alguma instituição financeira. Assim, o Banco Central aumenta a carteira de títulos públicos no seu balanço, e a contrapartida desse aumento da carteira é um aumento da moeda. Para acompanharmos as consequências dessas operações sobre os juros retomo outro gráfico (*ver Imagem 10*):

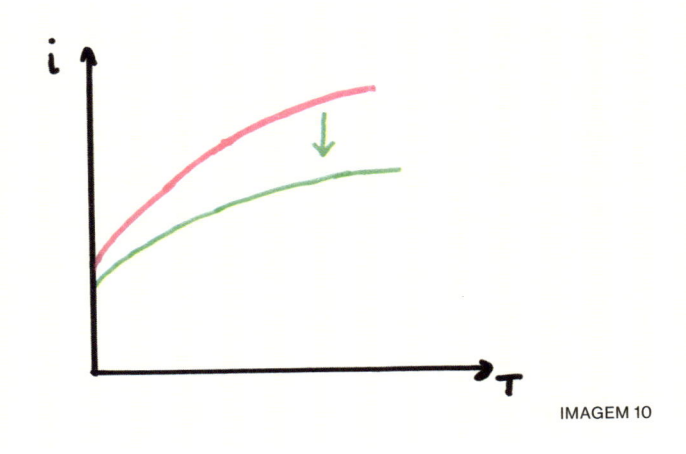

IMAGEM 10

Nessa operação de compra de títulos, e no caso de títulos de juros longos, o Banco Central está reduzindo a seta verde, ou seja, está reduzindo os juros dos papéis do governo de maturidade mais longa. Ao achatar a curva de juros, a instituição ajuda a economia, o que é outro motivo para se fazerem operações desse tipo. Mas essa é uma operação de emissão monetária. Logo, as operações que já vinham sendo feitas pelos bancos centrais desde a crise de 2008 podem ser vistas como impressão de dinheiro, pois, em tese, geram um aumento da quantidade de moeda. O que se decide fazer com essa moeda é decisão privada.

Por exemplo, no caso de a moeda parar nas mãos dos bancos, se o Banco Central comprou um título público na carteira de um banco comercial e em troca esse banco recebeu o equivalente em dinheiro, agora ele decide o que fará com o dinheiro. Pode guardá-lo ou usá-lo para emprestar adiante. Em situações de crise a escolha, em geral, é por manter a quantia em caixa, isto é, não emprestar.

No caso do mercado secundário, quando o governo compra o título por meio de fundos, em que pessoas físicas têm cotas, ele, indiretamente, está dando dinheiro para essa pessoa física, e é ela quem vai decidir o destino do dinheiro. Ela pode usá-lo para consumir ou simplesmente poupar. Então é a mesma ideia. O Banco Central não consegue afetar a decisão final do que vai ser feito com o dinheiro. O que ele consegue fazer é injetar dinheiro na economia, o que já ocorre mesmo nessas operações de compra de títulos públicos. Nessas operações, o que se está fazendo é emissão monetária. É impressão de dinheiro, que, como vimos, é uma operação mais complexa do que simplesmente imprimir papel-moeda.

Também há economistas que propõem essa emissão mais direta de moeda sem contrapartida. Nenhum país está fazendo isso hoje, nem é o que se está propondo para o Brasil. Mas há economistas sustentando a tese de que se essa emissão monetária sem contrapartida for realizada, ela não causará, necessariamente, um processo inflacionário. E aqui entramos na história da teoria monetária moderna. Temos que considerar perspectivas diferentes, ou seja, olhar para essa questão retomando a pergunta "o que é moeda?" e voltando à ideia fundamental de que, para entender moeda, temos que perceber a importância da confiança das pessoas nela: a confiança de que o seu valor de face, aquele ali impresso, vai valer de fato. Esse elemento volta a ser central para o entendimento do tipo de consequência que o simples ato mecânico de rodar uma máquina de imprimir dinheiro tem, sem a contrapartida da aquisição de um outro ativo qualquer, como títulos.

Os proponentes da teoria monetária moderna, conhecida como MMT (na sigla em inglês), dizem que esse ato não tem consequência inflacionária. Um aspecto importante a considerar, porém, é que todos eles estão olhando para essa questão do ponto de vista de uma economia como a americana, com algumas características únicas e que, portanto, não são replicáveis no resto do mundo. Uma delas é ter o que chamamos de moeda internacional de reserva, no caso, o dólar. A moeda internacional de reserva possui uma série de funções adicionais, uma dimensão que moedas locais, de países emergentes, como o Brasil, não têm.

Por exemplo, sabemos que podemos usar o dólar para fazer qualquer tipo de operação comercial com qualquer país do mundo. Essa é uma moeda-veículo nas transações comerciais, e sabemos que os bancos centrais mundo afora compõem uma parte de suas reservas com títulos do Tesouro americano. Por quê? Porque os títulos do Tesouro americano são vistos como extremamente seguros e, ao mesmo tempo, muito líquidos. O mercado de títulos nos Estados Unidos é vasto, bastante profundo e transações são realizadas diariamente. De modo que, se um Banco Central quiser deter uma parte das suas reservas em títulos públicos americanos, estes darão rendimentos e pagarão juros quase livres de risco. As chances de os Estados Unidos quebrarem são mínimas, praticamente inexistentes, porque a moeda que o país emite é uma moeda que todo mundo quer deter, sobretudo em momentos de crise.

Um esforço de compreensão importante: voltando novamente a 2008, e pensando também no contexto atual, o que temos observado nos fluxos de dinheiro que entram e saem dos países? Naquele ano e agora observamos que, toda vez que há uma crise, as pessoas ficam avessas a riscos, não querem risco de jeito nenhum. Investidores vendem seus ativos de mais riscos e compram ativos em dólar. Sempre há uma fuga para o porto seguro que o dólar representa. Ser emissor da moeda de reserva internacional confere o privilégio de, em um momento de crise, os fluxos de capital irem até você. Eles não saem de você, eles vão até você, porque você detém aquele ativo. Foi o que vimos na crise de 2008 e é o que estamos vendo agora.

O que isso significa, no fim das contas? Significa uma confiança extrema no dólar, uma confiança extrema na capacidade do governo americano de honrar o valor de sua moeda. Essa é uma característica que os Estados Unidos têm. Então, para os Estados Unidos, uma impressão ou uma emissão monetária sem contrapartida de compra de títulos ou de compra de outros ativos, vale dizer, o simples rodar da máquina, provavelmente não teria as consequências inflacionárias atreladas à perda de confiança por ser o dólar a moeda de reserva internacional. Trata-se de uma distinção muito importante.

Por outro lado, em um país como o Brasil, que não tem uma moeda de reserva internacional, não podemos usar o real para transações comerciais. Outros bancos centrais não detêm o real em suas reservas como um ativo que representa um porto seguro. Então, se o governo brasileiro passasse a emitir muitos reais sem a contrapartida de uma compra de ativos, poderia gerar uma quebra de confiança na sua capacidade de honrar o valor da moeda que está emitindo. Talvez não agora, quando vivemos uma crise aguda, mas em algum momento isso tenderia a acontecer. Nesse caso, volta-se a ter o risco de confiança na moeda e o risco de confiança na moeda deflagra um processo inflacionário. É o que pode ocorrer quando não se tem tanta margem de manobra quanto os Estados Unidos numa emissão monetária pura e simples, mas sem a contrapartida da compra de um título, por exemplo.

Pergunto, a título de ilustração: se você soubesse que o Banco Central do Brasil começaria a emitir dez vezes o PIB do Brasil—que equivale a R$ 7,3 trilhões—, ou seja, se o Bacen de repente resolvesse emitir R$ 73 trilhões, você confiaria no valor dessa moeda? Você confiaria que o Bacen, ou o governo brasileiro, seria capaz de honrar R$ 73 trilhões? Porque a nota que temos na carteira é uma nota promissória, como disse antes, uma nota de R$ 1 é uma nota promissória. Se estão emitindo dez vezes o que a sua economia é capaz de gerar, você vai confiar que aquele valor de fato será honrado?

Emissão de moeda para renda básica e desenvolvimento

O tema ganha outros contornos no debate público com o aparecimento da renda básica não apenas como uma solução temporária—adotada hoje em todo o mundo para enfrentar a urgência posta pela crise sanitária—, mas como uma agenda importante e permanente para a cidadania. E há quem esteja se perguntando se a emissão de moeda poderia ser uma solução para o pagamento da renda básica e mesmo para a promoção do desenvolvimento.

Em relação à renda básica, não é preciso emitir moeda porque existem outras fontes no momento, como o superávit financeiro da União. No balanço simples do Banco Central visto anteriormente (*ver Imagem 9*), o lucro financeiro vem de operações que o Bacen conduz nos mercados, como no mercado cambial. Sabemos que o Banco Central faz operações financeiras constantemente. Nessas operações sistemáticas, pode-se ter prejuízo ou lucro, e nos últimos tempos tem havido lucro. Por isso temos naquele balanço um lucro financeiro, um superávit que pertence à União, e são esses os recursos que estão em parte sendo utilizados para o pagamento da Renda Básica Emergencial. Não precisamos fazer emissão monetária porque temos um superávit financeiro ao qual recorrer. Esse superávit não é pequeno, reúne algumas centenas de bilhões de reais.

Quanto à questão da emissão de moedas para promoção de desenvolvimento, isso depende da situação fiscal em que se está, mas, de modo geral, a emissão não é recomendável. Quando se perde o controle sobre a emissão de moeda, deflagra-se um processo inflacionário sobre o qual também não se tem controle. É preferível pensar em uma agenda de desenvolvimento que tenha uma coordenação com a estabilidade macroeconômica. Tenho em mente, aqui, um cenário abstrato que poderíamos chamar de normalidade, um cenário de não crise. Em um ambiente de crise, a prioridade é resolver a crise. Qualquer medida que vise ao desenvolvimento de um país fica necessariamente deslocada, porque as medidas principais a serem tomadas são aquelas que vão direto ao ponto da resolução da crise. É com essa situação que estamos lidando agora.

Quando sairmos dessa situação e pudermos voltar a pensar no desenvolvimento do país, acredito que essa agenda levará a infraestrutura para o centro do debate econômico. Isso porque uma das formas de se desenvolver, de reconstruir, de aumentar a produtividade e a competitividade e de implementar uma série de outras medidas para a economia é fazendo investimentos na área de infraestrutura, o que implica utilizar o investimento público. Ainda que esse não seja o tema central deste capítulo, adianto: todos os países usam o investimento público por razões diversas, sobretudo para auxiliar na recuperação da economia—foi assim com o New Deal na década de 1930 nos Estados Unidos, como discutido anteriormente.

No Brasil, prevalece hoje a ideia de que não se pode fazer investimento público, como se investimento público fosse sinônimo de corrupção. Um olhar mais razoável para essa forma de atuação estatal é entender que tudo depende de como o investimento é conduzido. Não há país no mundo que tenha desenvolvido infraestrutura sem um papel relevante do Estado—mesmo nos Estados Unidos, embora muitos pensem que se trata de uma economia só de mercado. Mas deixemos esse assunto, espinhoso, para o momento oportuno.

8

REDUÇÃO DE SALÁRIOS?
A MP Nº 936 E O BRASIL
NA CONTRAMÃO DO MUNDO

Entre o fim de março e o começo de abril travaram-se disputas intensas acerca da legislação trabalhista brasileira. No dia 22 de março, o governo federal editou a Medida Provisória nº 927, que, entre outras coisas, previa a suspensão dos contratos de trabalho por quatro meses sem qualquer compensação para o trabalhador. Em outras palavras, a MP nº 927 dava ao empregador a possibilidade de reduzir salários e jornadas de trabalho. Essas disposições geraram muito barulho na sociedade e houve uma pressão enorme para que o governo recuasse da medida, o que aconteceu horas depois. Essas poucas horas, no entanto, foram suficientes para que muitas empresas suspendessem seus vínculos trabalhistas.

Em 1º de abril foi editada a MP nº 936, que instituiu o Programa Emergencial de Manutenção do Emprego e da Renda. A medida toca sobretudo nos salários e nos empregos dos trabalhadores formais. Dois dias antes, o Senado havia aprovado a instituição do auxílio emergencial (Lei nº 13.982, publicada em 2 de abril de 2020, modificada pela Lei nº 13.998, de 14 de maio do mesmo ano), que já tinha tramitado na Câmara e sido aprovado por unanimidade nas duas Casas. Essa foi uma iniciativa do Congresso Nacional que contou com importante respaldo da sociedade civil em seu empenho por adequar, a ponto de transformá-la, a proposta do governo federal. No momento em que a MP nº 936 foi adotada, todos os esforços estavam concentrados em preparar a sociedade brasileira para as consequências econômicas da crise sanitária com projetos de lei visando à proteção de empregos e salários.

O Congresso e a sociedade civil organizada agiam por precaução, tentando antecipar-se aos efeitos da pandemia sobre a economia. Nesse período, ainda havia poucos casos registrados de Covid-19 no Brasil, mas a realidade em outras partes do mundo possibilitava antever a gravidade do cenário. Naquele 1º de abril, havia mais de 100 mil casos da doença na Itália e mais de 200 mil nos Estados Unidos. Em outras partes do mundo a situação já era, portanto, catastrófica, condenando principalmente as pessoas com menos condições financeiras a uma calamidade absoluta, quando não à morte. Não era o momento de o governo pensar em reduzir jornada e salário. No entanto, esse foi precisamente o caminho tomado pela MP nº 936.

Em matéria trabalhista, essa medida provisória buscou consertar alguns erros cometidos na MP nº 927. Mas, na verdade, seu texto deixava muito claro que o trabalhador formal se tornaria extremamente precarizado com a regulação excepcional. Em especial, no caso daquele que recebia até três salários mínimos e tinha menos possibilidades de enfrentar um empregador que quisesse, porventura, incluí-lo em um programa de jornada de trabalho menor e com salários inferiores.

Há três patamares para a redução de salário previstos na MP nº 936: 25%, 50% e 70%. Se a redução salarial pode chegar até 70%, esse trabalhador receberá da empresa apenas 30% do seu salário. Existe um mecanismo compensatório, que é um percentual do seguro-desemprego, a ser aplicado de modo gradativo. Na prática, o trabalhador que tiver remuneração reduzida em 25% tem o direito de receber do governo um benefício adicional do percentual correspondente ao seguro-desemprego, e esse percentual aumenta quanto maior for a redução salarial. Contudo, é só conferir os números da MP para perceber que os salários serão reduzidos em montante considerável e não haverá nenhum trabalhador com salário pago integralmente nas categorias previstas na medida.

Trabalhadores que ganham mais de três salários mínimos e tenham outros tipos de arranjo ficam sujeitos a negociação entre sindicatos e empresas, logo, têm alguma proteção sindical. Ainda assim, a MP nº 936, por si só, insere no trabalho formal uma incerteza econômica brutal e uma precarização em um momento de crise aguda. Além disso, leva aqueles que estão recebendo um salário reduzido, e precisam da renda integral para o próprio sustento e o de sua família, a terem que complementar sua renda com atividades que podem colocá-los em risco de contaminação pelo vírus. Trata-se, portanto, de uma medida provisória não apenas impensada e mal articulada, como também mais uma incompreensível tentativa do governo federal de tirar do trabalhador e das pessoas a capacidade de resposta à pandemia.

A MP nº 936 prevê a suspensão dos contratos de trabalho por sessenta dias e, ao contrário da MP nº 927, não permite que o trabalhador fique totalmente desassistido nesse período. De fato, o trabalhador seria compensado, mas com um montante muito inferior ao salário que recebe. Sessenta dias é uma eternidade numa crise como esta. Basta ver o que aconteceu com o mundo em sessenta dias contados a partir de março: fomos de cerca de 100 mil a 200 mil casos de Covid-19 para quase 1 milhão. Em meados de julho de 2020 eram 12 milhões de casos no mundo.

Os cenários evoluem de forma aguda: um dia dessa crise equivale a uma semana no que diz respeito às questões de saúde pública e a outras questões. Se olharmos a pandemia como um limiar a ser transposto, um espaço e um tempo para algo que sabemos novo —embora não saibamos ainda o que é—, poderemos perceber que o tempo em que o debate ocorre, e que estamos todos, inevitavelmente, atravessando, é um tempo espesso, denso. Assim, esses sessenta dias de suspensão de contrato de trabalho com uma compensação insuficiente colocam o trabalhador formal em uma posição de ansiedade adicional e de agonia.

No Congresso há uma série de projetos de lei em discussão que levam em conta tanto a proteção ao trabalhador quanto a proteção à empresa. O governo federal erra e parece esquecer que, ao precarizar o trabalhador, também precariza o empregador. Uma empresa com trabalhadores desassistidos economicamente é muito menos sólida, porque uma empresa é uma combinação de empregados e empregadores, um arranjo dinâmico em que os dois grupos andam juntos, é uma espécie de simbiose. De modo que precarizar os empregados em benefício dos interesses de empregadores é um erro colossal de política pública.

Não quero, com isso, negar que as empresas precisam de assistência, nem tampouco que a maioria das empresas brasileiras está sofrendo por falta de caixa, de liquidez e que, em abril, elas já viam a demanda de seus produtos cair absurdamente. Empregadores e trabalhadores estão passando por uma situação de profunda gravidade. Diante disso, qual a melhor maneira de se enfrentar os dois problemas ou dar sustento a uma solução mais justa para ambos? Alguns projetos de lei em tramitação no Congresso vão na direção da justiça: a empresa poderia reduzir o salário de um trabalhador, no entanto, o governo ficaria responsável por cobrir um percentual desse salário. Diferentes projetos estão sendo debatidos: há projetos, por exemplo, que propõem que o governo se responsabilize por um percentual do salário do trabalhador formal e que o percentual restante fique a cargo da empresa. Em contrapartida, a empresa que recebesse o benefício de sustentação da sua folha de pagamento por injeção direta de recursos do Tesouro ficaria obrigada não apenas a manter o mesmo número de postos de trabalho e de empregados, como também a integralizar o salário desse trabalhador. Sendo assim, se o governo cobrir 70% do salário, a empresa terá que arcar com os 30% restantes; se o governo cobrir 75% do salário, a empresa terá que arcar com os 25% restantes; se o governo cobrir 50% do salário, a empresa terá que arcar os 50% restantes. E ela só receberá essa subvenção se mantiver todos os postos de trabalho, sem qualquer projeto de suspensão de contratos. Há até penalidades previstas, caso a empresa demita trabalhadores tendo recebido subvenção federal.

Portanto, são projetos de lei que levam ao caminho correto de conceder o auxílio necessário às empresas para que elas possam custear sua folha de pagamento por meio de uma assistência direta do governo. Com isso se garante, ao mesmo tempo, o salário do trabalhador, que neste momento não pode ser reduzido porque isso o exporia a riscos maiores. É fundamental que o Congresso reaja, tire logo do papel e vote os projetos de lei que estão tramitando e devolva a MP nº 936 para o governo, porque não é assim que vamos sustentar a vida das pessoas nem dar o respaldo do qual a economia precisa. É fundamental que todos nós estejamos entendendo o que o governo tem feito e que nos manifestemos para que melhores soluções sejam encontradas.

Quando falo em melhores soluções não tenho em mente soluções ideais. Não existem soluções ideais em momentos de crise. Alguém sempre terá que ser o dono da conta, e é a hora de o governo assumi-la. Em outros países, como a Alemanha e o Reino Unido, os governos estão pagando um percentual da folha de salário, quando não a folha integral, e condicionando essa subvenção à manutenção dos postos de trabalho e à exigência de que as empresas paguem o restante para que o trabalhador não sofra as consequências da redução do salário. O Brasil está indo na contramão do mundo com a MP nº 936, assim como em vários outros aspectos da resposta à crise, a começar pelas andanças do presidente por Brasília, sem máscara, buscando o contato com as pessoas, e pela ameaça à saúde pública que esse gesto representa.

Da forma que a medida ainda vigora, não há proteção para o trabalhador nem a longo prazo. Se o empregado entrar em acordo com a empresa — e suponhamos que ele faça um acordo de suspensão do contrato de trabalho por sessenta dias —, o que essa medida contempla como compensação? No momento em que esse trabalhador voltar a trabalhar, o vínculo estará garantido pelos dois meses em que ele ficou com o contrato suspenso e por mais dois meses, para além do início da suspensão contratual. Logo, a garantia de estabilidade contida na MP é de curto prazo. Num prazo maior não há garantia de estabilidade e demissões em massa podem acontecer daqui a alguns meses. É importante ter em consideração os efeitos da MP, que incide em um contexto de desemprego e informalidade, porque a crise será longa e continuará conosco por alguns meses, ainda que não saibamos a sua magnitude.

Redução de salários e macroeconomia

Ao consultarmos a Relação Anual de Informações Sociais (Rais) de 2018 (Rais é o banco de dados que concentra as informações dos trabalhadores formais), chegamos ao seguinte número: cerca de 70% dos trabalhadores formais ganham até três salários mínimos, ou seja, R$ 3.135, porque o valor do salário mínimo é de R$ 1.045. Vale ressaltar que, se cerca de 70% dos trabalhadores formais do Brasil recebem até três salários mínimos, uma parcela desses 70% ganha ainda menos que isso. Quem recebe três salários está no topo desse grupo. Fiquemos com o topo, a título de exemplo. Suponhamos que um trabalhador que recebe esse valor tenha o seu salário reduzido em 70% e passe a receber cerca de R$ 940 — menos do que um salário mínimo. Aí vem o mecanismo de compensação do governo, segundo o qual quem tem o seu salário reduzido em 70% pode ser compensado em 70% do valor do seguro-desemprego.

Pois bem, se o valor do seguro-desemprego é de R$ 1.800, 70% desse montante representa R$ 1.260. A soma dos R$ 940 do salário reduzido (pagos pela empresa) com os R$ 1.260 do seguro-desemprego (pagos pelo governo) resulta no valor de R$ 2.200, que agora passa a ser o salário desse trabalhador. Isso equivale a uma queda de 30% de sua renda mensal. Se a renda de 70% dos trabalhadores formais for reduzida em mais ou menos 30% (pode ser um pouco mais ou um pouco menos, mas qualquer coisa acima de 10% é uma redução expressiva de salário), o que essa redução massiva deflagra em termos macroeconômicos? Um processo inflacionário tem várias causas, mas a principal é a vinculada justamente a salários. Vamos partir desse ponto.

Quando o mercado de trabalho está superaquecido e os salários estão crescendo além da produtividade da economia, tende a haver uma alta generalizada de preços, provocando um processo inflacionário. De forma análoga, quando temos uma queda generalizada de salários ou quando os salários passam a crescer numa taxa muito baixa — e a MP nº 936 comprime a massa salarial nessa escala —, o efeito macroeconômico dessa conjunção de fatores será o de um processo deflacionário.

Para detalhar o que estou falando, faço aqui uma breve distinção entre inflação e deflação, já abordada no Capítulo 6. A deflação ocorre quando todos os preços caem, quando entramos num terreno em que há uma queda generalizada de preços. A deflação pode vir a caracterizar uma depressão econômica porque, se a situação salarial for comprimida em massa — como a MP nº 936 propõe —, ocorre, sobre a insuficiência de demanda, que já existe, uma insuficiência de demanda adicional. Nesse quadro, a economia não tem nenhuma capacidade de reação no plano macroeconômico.

É evidente que, em termos de implicação macroeconômica, a MP nº 936 é repleta de problemas, a começar pelo risco de expor a economia a uma depressão que as medidas do governo deveriam estar tentando evitar. Como já dito, a MP vai na contramão do que se deveria estar fazendo neste momento. Não é muito difícil chegar a essa conclusão, basta conhecer os números.

Seria útil se, em vez disso, o governo estivesse subvencionando empresas e pagando salários para auxiliar nos esforços ao combate à pandemia. E um dos esforços que contribuem para a manutenção dos empregos é o da reconversão industrial. Não vou me deter nesse tema, mas é possível convocar trabalhadores de determinadas atividades e as empresas reconvertidas para fabricar produtos como máscaras e vestimentas médicas. Em abril, já havia iniciativas nesse sentido em algumas favelas brasileiras, com grupos de costureiras produzindo esse tipo de material.

O que interessa à nossa discussão neste capítulo é que há inúmeras medidas a serem pensadas e articuladas em torno da manutenção de empregos e de salários que dão, ao mesmo tempo, capacidade de sobrevivência para as empresas. O que é um equívoco é reduzir salários neste momento, especialmente de pessoas que já recebem salários muito baixos. Fazer isso é o mesmo que jogar essas pessoas na rua, é a precarização absoluta do trabalho para cerca de 70% da população, o que compreende a grande maioria da massa de trabalhadores formais no país.

9

A COMPRA DE TÍTULOS PELO BACEN: O QUE É PRECISO ENTENDER

Se há uma percepção geral compartilhada em todo o mundo é a de que os interesses dos bancos são contrários aos da sociedade, ao bem comum. Eles são, por isso, atores impopulares. No Brasil, onde são cometidos inúmeros excessos pelo sistema bancário, onde os juros são exorbitantes e os *spreads* muito elevados, não seria diferente. Essa percepção no Brasil se reflete em uma forte resistência a abordagens mais analíticas nas discussões que envolvem bancos, sobretudo quando as discussões tocam a sua relação com o Estado e o dinheiro público. Por consequência, essa percepção torna parte do público fácil de ser capturada por discursos demagógicos. Mas, por mais que a impopularidade dos bancos seja justificável, eles são importantes para a manutenção da economia.

É fundamental entendermos como essa engrenagem opera para não cair nas falácias dos discursos que demonizam bancos sem qualificações. Por esse motivo, tenho tratado do tema e sou frequentemente convocada a retomar o debate, que começou quando estava em tramitação a Proposta de Emenda Constitucional (PEC) n° 10/20, também conhecida como "PEC do Orçamento de Guerra". Naquele momento inicial havia uma grande confusão que precisava ser esclarecida. Em maio, a PEC tornou-se a Emenda Constitucional n° 106. Ainda assim, nem toda a confusão foi esclarecida. Antes de entrar diretamente nos pontos da EC n° 106 que se referem ao papel do Banco Central e a seus desdobramentos, é preciso, porém, falar sobre o sistema bancário e sobre o quanto ele está entrelaçado com a economia brasileira, qual o seu lugar nela. É preciso falar desse assunto porque é aí que reside a origem da confusão.

O sistema financeiro brasileiro é movido principalmente por bancos. Também temos fundos de *hedge*, corretoras, gestoras de patrimônio, fundos de pensão, enfim, uma porção de outras instituições financeiras não bancárias, mas o pilar do sistema financeiro brasileiro se concentra nos bancos. Os bancos são instituições que tomam depósitos da população e usam esses depósitos, ou uma parcela deles, para realizar um conjunto de operações, inclusive emprestar para empresas e fazer operações de tesouraria. Mas o principal a saber é que no passivo dos bancos estão os depósitos, que são as nossas contas de poupança, as nossas contas-correntes. E é isso que diferencia o banco de qualquer outra instituição financeira: os bancos detêm no seu passivo depósitos à vista, isto é, depósitos que podem ser sacados imediatamente no caixa eletrônico ou na boca do caixa. Então, essa é uma primeira distinção essencial.

De modo bastante simples, é preciso lembrar que grande parte dos depósitos em dinheiro feitos em conta num banco é transformada em empréstimos. Quando o banco faz esse tipo de operação, isto é, quando transforma depósitos em empréstimos, dinheiro de curto prazo em dinheiro de longo prazo, ele faz uma operação indispensável para o funcionamento da economia. O nome disso é "operação de transformação de maturidade".

O Brasil não é o único país a ter nos bancos os principais pilares do setor financeiro. Vários países funcionam assim. Nos Estados Unidos, no entanto, é diferente, lá existe um mercado de capitais que opera juntamente com o sistema bancário e é tão importante quanto ele, ou mais. Mas não basta dizer que o sistema brasileiro é basicamente um sistema bancário, é preciso entender esse sistema (*ver Imagem 11*).

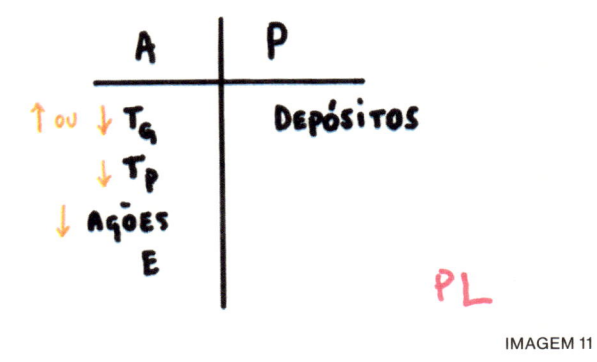

A	P
↑ ou ↓ T_G ↓ T_P ↓ AÇÕES E	DEPÓSITOS PL

IMAGEM 11

Na Imagem 11 temos o balanço de um banco visto da forma mais simples possível. O que esse banco simples possui? Nos seus ativos (A), ele tem essa porção de itens que vou explicar em seguida, e, nos passivos (P), possui os depósitos (D). O banco toma da população os depósitos, suas contas de poupança, suas contas-correntes, seus depósitos à vista — isso tudo está no passivo do banco. O que está no ativo? Empréstimos, ações, títulos do governo e títulos privados, como os emitidos por empresas, são alguns dos ativos que os bancos carregam nos seus balanços.

O que passou a acontecer no Brasil e no resto do mundo com a pandemia? Deu-se uma parada súbita da economia e, como consequência, houve uma queda expressiva dos preços dos ativos: títulos, títulos de dívida, debêntures, títulos públicos, títulos privados, ações — temos visto quedas expressivas da bolsa. Esses ativos estão muitas vezes na carteira de bancos e de instituições financeiras. Isso significa que temos visto nos mercados secundários a setinha laranja, que mostra queda nos títulos privados e que está, de algum modo, atrelada à queda das ações na bolsa.

Em outras palavras, por terem sofrido uma parada súbita, as empresas estão não só com dificuldade de vender, mas também com dificuldade de caixa. Muitas estão em extrema dificuldade, e isso faz com que o preço das ações dessas empresas — caso tenham ação em bolsa — e o preço dos títulos que emitem caiam. Sendo assim, tanto o valor desses títulos privados quanto o das ações caem. Seu valor cai de modo generalizado, igualmente para todo mundo? Há uma queda generalizada, mas algumas empresas manterão ações e títulos privados cujos preços cairão muito mais que os preços de outras.

Pense agora que todos os bancos no sistema financeiro têm as características descritas. Imagine, então, um banco específico que, por acaso, possua determinada carteira de títulos privados e determinada carteira de ações, e que o preço desses títulos e dessas ações caiu muito mais do que o da carteira de algum outro banco qualquer. Aquele banco específico corre o seguinte risco: se está havendo uma redução expressiva no preço dos ativos que carrega—títulos privados e ações, por exemplo—, ele começa a ver uma queda no seu patrimônio líquido, que corresponde ao PL que aparece na Imagem 11.

Trata-se de uma situação hipotética, não é a situação que temos no Brasil hoje—insisto, não é motivo para sair correndo e entrar em pânico. No limite, se o preço desses ativos no balanço dos bancos cai muito e se seu patrimônio líquido cai demais, o banco pode não ser capaz de pegar de volta os seus depósitos. Ou seja, pode não ser capaz de devolver para as pessoas, para a população, suas contas de poupança, suas contas-correntes, seus depósitos à vista. Portanto, qualquer coisa que aconteça no balanço de um banco, por menos que gostemos dos bancos, será importante e determinante para o que possa acontecer com a nossa capacidade de manter nossos depósitos intactos. Isso quer dizer que, quando essa situação se torna muito aguda, há risco de crise bancária.

Embora não estejamos em situação de crise bancária no Brasil, já tivemos uma queda nas setinhas laranja, tivemos uma queda nos títulos privados, tivemos uma queda expressiva nas ações. A bolsa perdeu R$ 1,5 trilhão até meados de março mais ou menos, uma queda de cerca de 33% do valor médio das ações. Desde então houve alguma recuperação, mas isso não muda o ponto central.

Há bancos cujas perdas relacionadas à queda das ações e à desvalorização dos títulos privados das empresas são bem maiores que as de outros. Normalmente, são os bancos pequenos e médios os que mais sofrem com essas reviravoltas do mercado financeiro. Bancos pequenos e médios fazem uma porção de operações, inclusive operações de crédito para pequenas e médias empresas. Portanto, quando esses bancos sofrem quedas mais bruscas no valor de seus ativos, diminui a sua capacidade de conceder empréstimos para as empresas. Os balanços bancários mais afetados pela crise têm sido os dos pequenos e médios.

Vamos pensar um pouco mais sobre esses bancos para entendermos o que isso significa. Como dito, eles são provedores de crédito para pequenas e médias empresas, sendo essas as empresas que mais empregam pessoas. Desse modo, o elo entre os bancos pequenos e médios, as empresas pequenas e médias, o emprego no Brasil e o salário que esses empregados recebem é forte. Por isso, se esses bancos sofrem o efeito da queda de preços de ativos, afetando os seus balanços, eles ficam em uma situação de extrema fragilidade. Junto com eles ficam também em situação de extrema fragilidade as empresas e os trabalhadores — todos interligados.

O sistema bancário funciona como um grande entrelaçamento de instituições. Existe o mercado interbancário, pelo qual os bancos emprestam uns para os outros em uma operação que acontece no fim do dia para fazer, como se diz, um *balanceamento* das operações. Os bancos emprestam uns para os outros de um dia para outro, e isso constitui o que entendemos como mercado de reservas bancárias. O termo pode soar complicado, mas a ideia é simples: bancos com sobra de caixa no fim do dia emprestam para os bancos com falta de recursos. A que taxa de juros? Como a operação é de curtíssimo prazo (de um dia para outro), em geral a taxa de empréstimo é muito próxima da taxa Selic, a taxa de referência estabelecida como meta pelo Banco Central do Brasil.

Em uma situação de normalidade, essas operações de curtíssimo prazo entre os bancos não necessita de nenhuma interferência do Bacen, o que significa que o mercado interbancário, o mercado primário de liquidez por excelência, determina a liquidez de diversos outros mercados de crédito. Diante dessa característica do mercado interbancário, não é difícil de entender o que ocorre quando ele para de funcionar. Se ele trava, os bancos não fazem mais operações de empréstimo entre si. Aqueles com sobra de caixa não emprestam para os que têm falta, configurando uma situação que chamamos de "empoçamento de liquidez" — o dinheiro que fica retido nos balanços dos bancos que menos precisam desses recursos. Se isso ocorre, todos os mercados de crédito sofrem, porque o mercado interbancário e os demais mercados estão interconectados por uma rede de transações financeiras. O vórtice central dessa rede é, justamente, o mercado interbancário. Sabendo disso, fica fácil ver por que, quando o vórtice central da rede para de funcionar, para também todo o resto da rede de pagamentos e de crédito.

Em que circunstâncias o mercado interbancário, o mercado primário de liquidez, trava? Voltemos para a Imagem 11. Imagine agora um banco médio ou pequeno que está com uma carteira afetada pela queda de preços de ativos e, portanto, com falta de caixa. Há outro banco, grande ou médio, não importa, com sobra de caixa. Em uma situação de normalidade, o banco médio ou grande com sobra de caixa emprestaria para o banco pequeno com falta de caixa no fim do dia. Nas circunstâncias atuais, no entanto, o que se dá é que esses bancos menores, que estão sofrendo maior impacto devido à queda de preços de ativos, não estão conseguindo tomar empréstimo dos bancos que têm sobra de caixa no mercado interbancário. Aí está o mencionado "empoçamento de liquidez".

O empoçamento acontece quando existe o que chamamos de risco de contraparte, isto é, quando bancos com sobra de caixa suspeitam que na outra ponta da transação, como tomadora de empréstimo, está uma instituição com problemas de balanço. É oportuno lembrar que, na atual conjuntura, a liquidez está sendo empoçada de forma a prejudicar muitos bancos médios e pequenos. É oportuno lembrar também que são eles que emprestam para empresas médias e pequenas, que geram uma porção de empregos e pagam uma porção de salários.

A presença de risco de contraparte e empoçamento de liquidez é o primeiro sinal de alerta sobre o risco de uma crise de crédito que atinja mais instituições — uma crise de caráter sistêmico. Por essa razão, a forma de compreender algumas medidas previstas pela EC nº 106 é lançando esse olhar sistêmico para a situação e não para instituições específicas. Não se trata de olhar para o banco A, B, C ou D, mas para o sistema como um todo. E tentar entender como ele funciona, qual seu papel na economia e quais os efeitos de medidas específicas na vida das pessoas, por mais distantes que os bancos e as suas transações opacas pareçam estar da nossa realidade cotidiana.

Quando ocorre empoçamento de liquidez, os bancos centrais fazem como o Banco Central americano (FED), o Banco da Inglaterra e o Banco Central Europeu fizeram recentemente — eles passaram a prover recursos diretamente para o mercado interbancário, a fim de destravá-lo. Foi assim tanto na crise de 2008 quanto na crise atual, derivada da pandemia. Em 2008, dada a natureza exclusivamente financeira da crise, diante do risco de empoçamento generalizado e do travamento do mercado interbancário, os bancos centrais absorveram o risco da carteira dos bancos e deram liquidez em troca. O aumento da liquidez para os bancos ajuda a normalizar o funcionamento dos mercados de liquidez primária, mas não faz com que os empréstimos retornem, necessariamente, à economia. Aliás, é muito provável que não retornem, principalmente em situações de crise, quando os bancos ficam temerosos de emprestar recursos para os que estão com capacidade reduzida de pagamentos: empresas cuja lucratividade caiu, indivíduos que estão sob o risco do desemprego e da redução de salários.

Ainda assim, o ato de destravar o mercado interbancário é muito importante, porque, sendo ele um mercado primário de liquidez entrelaçado com todos os outros mercados de crédito, se não for destravado, o resto para. No limite, se o Banco Central não atuasse em 2008, essa situação de falta de liquidez para os bancos pequenos e médios, do empoçamento de liquidez por parte de outros bancos e do travamento do sistema interbancário poderia levar à incapacidade de alguns bancos ressarcirem os depósitos da população.

Nada disso significa negar que o sistema bancário brasileiro é concentrado; que os bancos concedem empréstimos, mas têm lucros extraordinários; que há uma porção de distorções no nosso mercado bancário; que essas distorções devem ser consertadas. Porém, um olhar analítico precisa partir do fato de que o sistema bancário no Brasil é um ecossistema em que há bancos muito grandes com lucros expressivos, mas há também bancos médios e pequenos, segmentos do sistema bancário que tendemos a ignorar. Esse olhar que estou chamando de analítico implica ter em mente que não se trata de defender ou atacar os bancos. Gostaríamos que eles operassem de outra forma, mas, neste momento, precisamos que estejam funcionando bem para a economia ter um mínimo de sustentação. Caso contrário, enfrentaremos um colapso generalizado. É, sim, preciso consertar uma porção de coisas no sistema financeiro brasileiro, mas estamos numa situação de emergência e, antes de tudo, precisamos garantir a estabilidade desse sistema.

    O outro lado desse quadro de críticas justificáveis é que os bancos exercem uma função na facilitação de transações, nos meios de pagamento, na concessão de empréstimo, na forma como a economia funciona. O ponto é que a economia só funciona porque os bancos assumem esse papel e tudo está interligado: se uma empresa não tem liquidez suficiente, o tomador de empréstimo não consegue pagar ao banco o que deve e aí se cria uma situação de crise bancária em potencial. Crises bancárias são disruptivas, e tudo o que não queremos hoje no Brasil é um colapso desse tipo. Se os empréstimos das empresas não forem pagos, o que acaba por acontecer é que o banco—grande, médio ou pequeno—começa a entrar em situação de falta de liquidez e, no limite, de insolvência. Quando o banco entra em situação de insolvência, não é capaz de devolver os depósitos. De quem são esses depósitos? Meus, seus, de alguém que conhecemos, da população. De novo: o entrelaçamento, a forma como a economia está toda conectada importa para que tenhamos um entendimento da questão.

    Por todos esses motivos é importante dar proteção aos bancos, é importante que eles estejam com saúde financeira. Se nada for feito para manter a estabilidade financeira ninguém se salvará, porque a verdade indigesta é que os bancos são um elo essencial no funcionamento da economia. Gostaríamos que não houvesse tanta concentração no sistema bancário—o que permite lucros absurdos—e que existisse um tipo de regulação mais incisiva, proibindo determinadas práticas. Mas o fato é que, independentemente disso tudo, se não houver banco funcionando, nada funcionará. Foi esta a lição da crise de 2008: quando os bancos pararam de funcionar, a economia inteira parou.

O Bacen e a EC nº 106

A má reputação dos bancos, somada a alguma incompreensão a respeito de como o sistema financeiro funciona, certamente contribuiu para que a PEC nº 10/20, hoje EC nº 106, suscitasse controvérsia. Um dos aspectos dessa controvérsia é a ideia de que o governo estaria simplesmente dando dinheiro aos banqueiros sem ganhar nada em troca, enquanto parte significativa da população padeceria da crise humanitária. Essa ideia é excessivamente simplista, logo, equivocada, porque o objetivo das medidas já mencionadas não é salvar bancos e sim dar ao sistema como um todo uma rede de segurança para que não haja quebradeiras em massa.

O Banco Central, junto com o Ministério da Economia — um ministério até o momento inoperante —, tem, entre outros objetivos, prover a solidez do sistema financeiro e assegurar o bom funcionamento dos meios de pagamento. Conforme explico, uma economia não consegue funcionar sem o mecanismo que possibilita a realização de transações financeiras. É preciso haver meios de pagamento que funcionem, e os bancos servem para isso, em grande medida. Mas como funciona o Banco Central Brasileiro, o Bacen? Na Imagem 12 temos um balanço simplificado da instituição:

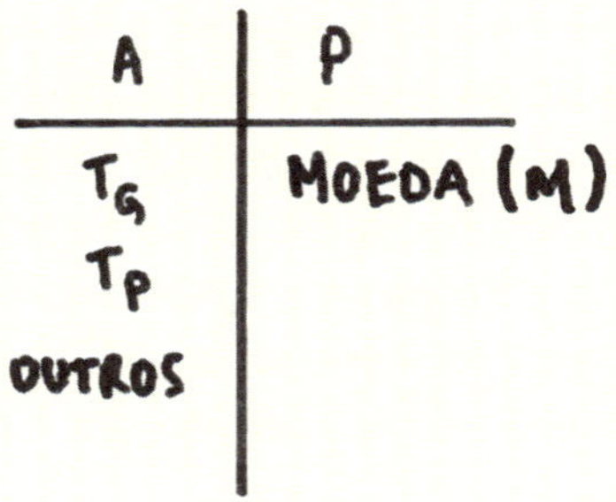

A	P
T_G	MOEDA (M)
T_P	
OUTROS	

IMAGEM 12

Evidentemente, a situação é mais complexa do que mostra a Imagem 12, mas, para dar uma ideia geral, nos ativos (A) estão os títulos privados, os títulos do governo e uma carteira, que pode ser até uma carteira de empréstimos, no caso de o Bacen poder comprar empréstimos de empresas. No lado do passivo (P) está a moeda (M), pois o Bacen é o agente emissor de moeda na economia.

Como ficam ligados os balanços dos bancos e do Bacen quando acontece uma operação de compra e venda de títulos, tal qual a EC nº 106 autoriza? Nesse caso, o Bacen pode comprar os títulos privados e públicos que estão no mercado secundário — o mercado secundário é onde se transacionam os títulos públicos e privados anteriormente emitidos e comprados por algum banco. Quando o Bacen compra títulos, caem os valores no lado do ativo do balanço do banco detentor do título, enquanto no balanço do Bacen eles sobem na mesma proporção, ou seja, a setinha verde vai subindo na mesma proporção. Qual é a contrapartida disso? Emissão monetária. Uma emissão entre aspas, mas é moeda que vai parar na carteira dos bancos. É moeda que vai para os bancos na finalização da operação descrita.

A compra de títulos pelo Bacen nos mercados secundários de títulos públicos e privados é, portanto, uma ação necessária em função do empoçamento de liquidez e uma ação que o Bacen não estava autorizado a realizar até a edição da EC nº 106. A EC nº 106, aliás, permite ao Bacen adotar uma série de medidas que ele não podia adotar. No caso brasileiro, é necessária uma Emenda Constitucional para isso porque o nosso Banco Central não tem independência nem plena autonomia. Ele tem autonomia operacional, mas é vinculado ao Ministério da Economia. Basicamente, a emenda permite que o Banco Central tenha poderes muito semelhantes aos do FED enquanto o país estiver vivendo este estado de calamidade pública.

A EC nº 106 permite, em particular, que o Bacen compre títulos do Tesouro, uma operação importante para que o governo possa fazer os gastos que são necessários durante a crise. O governo vai precisar emitir dívida para atender a necessidades diversas, como suporte aos empregos, fornecimento de recursos para o SUS, continuação do pagamento do auxílio emergencial para aqueles que devem recebê-lo. Para que possa emitir dívidas sem susto, são necessários mecanismos de absorção dessa dívida. Uma parte da absorção vem dos bancos e das instituições financeiras, mas, quando se permite que o Banco Central também absorva títulos do governo, está se permitindo que outra entidade de grande porte possa ser fonte de demanda pelos títulos emitidos pelo governo.

O tema é árido, é técnico, então faço uma pequena síntese: durante uma crise da dimensão da atual, quando gastos extraordinários devem ser executados, é preciso emitir dívida. Para emitir dívida é necessário que alguém possa absorvê-la. Quem pode fazer isso? Os bancos, as instituições financeiras, algumas pessoas físicas e, agora, o Bacen. Também é papel do Banco Central, em qualquer circunstância, em qualquer país, dar liquidez ao mercado financeiro. Quando ele dá liquidez ao mercado, está dando linhas de liquidez, dinheiro vivo para as instituições financeiras, para os bancos. Um título qualquer, público ou privado, é uma nota promissória, não é um instrumento líquido, não tem a liquidez da moeda. Então, o que essa medida de compra de títulos dos bancos permite é que o Banco Central compre essa carteira e a troque pelo dinheiro de que os bancos necessitam para repassar às empresas e outros tomadores de crédito.

Embora as medidas de sustentação do sistema financeiro sejam de extrema importância, dada a centralidade dos bancos na economia, é importante sublinhar que o Bacen não tem o poder de forçar os bancos beneficiados a emprestar. Portanto, fazer com que a liquidez chegue "na ponta", isto é, às empresas e aos indivíduos que precisam de crédito, é um desafio. O principal elo frágil da EC nº 106 sempre foi o de não criar mecanismos para assegurar que o dinheiro chegue às mãos de quem precisa de recursos, no lugar de ficar entesourado nos balanços dos bancos ou como um depósito no Bacen.

Compra de títulos

O que significa exatamente compra de títulos? Vamos separar esse tema em dois: de um lado, a compra de títulos públicos; de outro, a compra de títulos privados.

Por causa do nosso passado inflacionário, havia muitos limites e muitos entraves para que o Bacen pudesse comprar títulos públicos antes da instituição da EC nº 106. Por quê? Porque, no passado, por exemplo na década de 1980, nós tendíamos a financiar nossos déficits com emissão de moeda. Na época, isso acontecia não porque vivíamos uma situação de crise inédita, como hoje, e sim porque o governo era perdulário, havia passado por diversas crises e tínhamos um processo inflacionário que não conseguíamos debelar. O governo possuía um déficit monumental, uma dívida enorme, e ambos eram, em parte, financiados por emissão de moeda. Déficit e dívida eram financiados pelo Banco Central por meio da emissão de moeda, que ajudava o governo a pagar seus déficits e, ao longo do tempo, cumulativamente, a dívida pública.

A nossa hiperinflação também teve outras características, como o entranhado mecanismo de indexação que o Plano Real teve de deslindar em 1994 e 1995. Uma das suas principais causas, porém, era essa relação estreita entre Tesouro e Banco Central. Quando se resolveu a hiperinflação, compreendeu-se que era necessário impor limites a qualquer tipo de financiamento do Tesouro pelo Banco Central. A imposição desses limites foi uma medida correta na ocasião, porque a preocupação era evitar a retomada inflacionária, evitar um novo processo hiperinflacionário no país.

Mas hoje a questão que se coloca não tem nada a ver com aquela. O país não está vivendo um momento de inflação elevada, não corre nenhum risco de hiperinflação. Ao contrário, o risco é de deflação, pela parada súbita da economia: a oferta parou, a demanda parou, o consumo não existe, a produção está prejudicada pelas medidas sanitárias e as pessoas não podem ir trabalhar como antes. Portanto, o tipo de situação que enfrentamos hoje é muito diferente daquele lá atrás, que levou à proibição de o Banco Central absorver título público.

Hoje o Banco Central precisa ter uma atuação mais parecida com a adotada pelo FED na época da crise de 2008, atuação que está sendo retomada diante da crise gerada pela pandemia. Para se ter uma ideia, os Estados Unidos fizeram um pacote fiscal de US$ 2 trilhões, ou 10% do PIB deles, o que equivale a uma emissão de dívida nesse mesmo montante, e uma parte dessa dívida está sendo comprada e absorvida pelo FED. Diante da crise atual, é preciso dar a instituições a capacidade de tomar medidas excepcionais de sustentação da economia em diversas frentes.

Ao permitir a compra de títulos públicos por parte do Banco Central, a EC nº 106 amplia a sua esfera de ação para que ele possa, em última instância, absorver a dívida pública. Se retomarmos o que já dissemos antes, isto é, que para custear vários dos gastos necessários no combate à pandemia e à crise que ela instaura o governo terá inevitavelmente que emitir dívida, conseguimos ver mais claramente a importância da ampliação da esfera de ação do Banco Central para que ele possa se ajustar às circunstâncias.

Que tipo de alívio a possibilidade de compra de títulos públicos pelo Banco Central gera na economia? Primeiro, possibilita ao Bacen absorver a dívida propriamente: o banco intervém como uma entidade, absorvendo o excesso de dívida que está sendo colocado no mercado por razões excepcionais. Em segundo lugar, vamos analisar a Imagem 13:

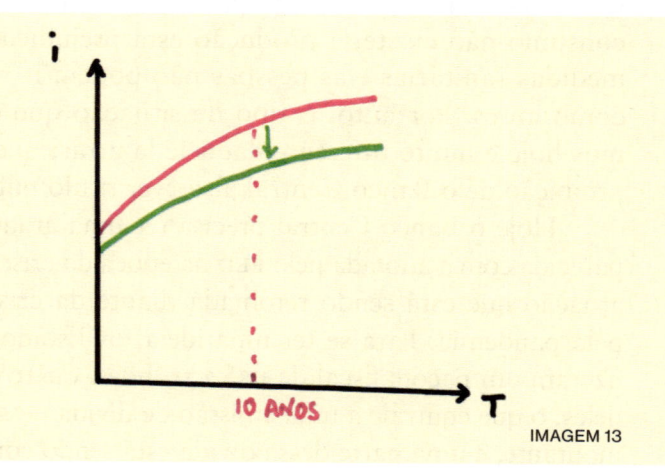

IMAGEM 13

A Imagem 13 traz no eixo vertical a taxa de juros — as taxas de juros em diversas maturidades — e, no eixo horizontal, as maturidades dos títulos. À medida que se caminha na horizontal e para a direita, no eixo, temos os títulos de maturidades diversas, começando com títulos curtos na ponta esquerda e chegando aos títulos mais longos na ponta direita. No pontilhado verde, estão os títulos com maturidade de dez anos. A curva roxa é o que chamamos, tecnicamente, de "estrutura a termo" da economia.

A "estrutura a termo" relaciona a taxa de juros atrelada a cada um desses títulos de diversas maturidades, levando em consideração o que chamamos de "risco a termo", a prazo. O que é o "risco a termo"? Trata-se do prêmio sobre os juros que deve ser pago ao investidor para que, em vez de ele carregar um título de três meses, por exemplo, ele possa carregar um título de cinco anos, porque é preciso emitir uma dívida de cinco anos.

Para convencer o investidor a tomar esse título de prazo mais longo, incorrendo, assim, no risco de que algo aconteça no meio do caminho e ele não receba o pagamento prometido, a curva é inclinada para cima, como mostra o gráfico. Quando chegamos às pontas bem mais longas de maturidade, a curva tende a ficar um pouco mais achatada. A curva roxa tipifica a estrutura a termo, ou a curva de juros, em uma dada economia. O que a compra de títulos públicos pelo Banco Central faz? Como é introduzido um comprador com grande capacidade de comprar títulos públicos, caso do Banco Central, ao atuar no mercado ele achata essa curva. Então, a curva roxa torna-se curva verde.

Para ilustrar, consideremos o título de dez anos do gráfico: se no eixo vertical estão as taxas de juros cobradas, o que acontece agora é que, quando o Banco Central entra comprando títulos, ele achata a curva de tal forma que aquele título de dez anos que tinha uma taxa de juros mais alta, na curva roxa, passa a ter uma taxa de juros mais baixa, na curva verde. Essa taxa de juros mais baixa ajuda a economia de modo geral, afetando a todos.

Isso significa que a absorção de títulos públicos por parte do Banco Central tem um efeito de achatamento da curva de juros, de forma a tornar os juros mais longos menores relativamente à situação anterior.

Essa mudança que se dá com a atuação do Banco Central é positiva por várias razões. Primeiro, porque juros mais baixos ajudam a economia, e a economia se movimenta pelos juros longos, não pelos juros curtos. Não é a taxa Selic que afeta a economia, e sim esses juros mais longos que, de certa maneira, dela derivam. Mas, quando o Banco Central está atuando na ponta da curva, ele consegue baixar a curva sem, necessariamente, precisar reduzir a Selic. O segundo ponto é que, quando achatamos a parte mais longa da curva e tornamos esses juros mais baixos, o que fazemos, no fim das contas, é dar mais espaço para o governo atuar. Ele ganha esse espaço porque estamos falando dos juros do pagamento da dívida, o que quer dizer que, como esses juros são mais baixos, está se reduzindo a conta de juros a ser paga lá na frente por nova emissão de dívida. Em outras palavras, cria-se um espaço adicional e a dinâmica da dívida melhora.

Passemos agora aos títulos privados e à combinação de títulos públicos e privados (*ver Imagem 14*).

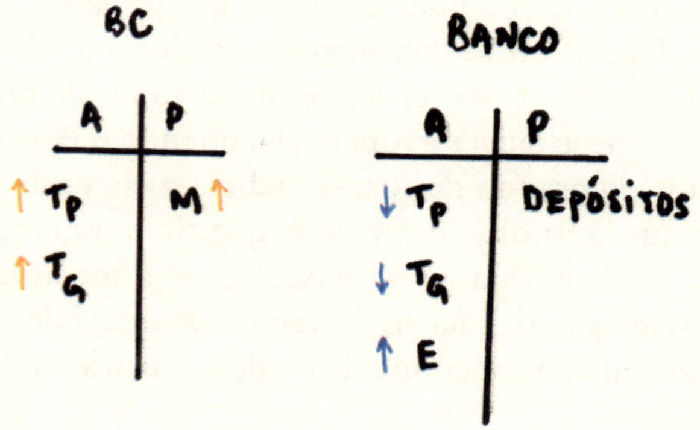

IMAGEM 14

À esquerda, temos o balanço do Banco Central e, à direita, o balanço dos bancos. O A representa ativos e o P, passivos. O que o Banco Central tem no seu balanço? Colocando de forma simples, há muitos elementos, incluindo reservas internacionais que não estão aqui nesse balancete em "T" simplificado. O que a Imagem 14 mostra são apenas as operações dos títulos e o que elas fazem.

Temos Tp, que corresponde a título privado, e Tg, que corresponde a título do governo. Quando o governo compra títulos privados e títulos públicos, será registrado aumento no ativo do balanço do Banco Central, que é a seta para cima dos títulos privados e dos títulos governamentais ou públicos. Serão duas setas para cima. Qual é a contrapartida disso no balanço do Banco Central? É este M que pode ser visto no passivo. Esse M é a moeda. Então, na prática, quando o Banco Central atua comprando títulos e aumentando a sua carteira de títulos privados e públicos, a contraparte dessa operação é uma emissão de moeda. Por essa via o Banco Central estará injetando liquidez na economia, estará aumentando moeda no mesmo montante das setas Tp e Tg, que estarão subindo.

No balanço do banco, temos a mesma conta T, A (ativos) e P (passivos). O que os bancos têm no seu ativo? Têm Tp (títulos privados), Tg (títulos do governo) e E (empréstimos). Do lado passivo, têm D (depósitos). Claro que essa é uma simplificação extrema, usada apenas para mostrar do que se trata. Como muitas vezes são os bancos que detêm esses títulos, quando o Banco Central entra no mercado secundário comprando título público e título privado, serão os bancos que irão vendê-los. Então as setas, no caso deles os ativos, ficam para baixo, cai o título privado, cai o título do governo. Os depósitos ficam constantes, não há nada acontecendo com eles. Depósitos são as contas que as pessoas têm no banco. No entanto, é preciso ter certeza de que a emissão de moeda atrelada a essa compra de títulos das carteiras dos bancos por parte do Banco Central se converta em empréstimos adicionais. Nesse caso, a seta no E fica para cima.

É preciso que isso aconteça para que os empréstimos possam chegar às empresas para as quais esses bancos já emprestam. Pode ser empréstimo novo, mas também alongamento de prazo, redução de juros ou uma porção de outras medidas que façam com que a carteira de empréstimos esteja sustentada pela liquidez adicional que está sendo provida. Isso é importante porque, ao fazer com que o dinheiro dessa operação chegue à ponta dos empréstimos, tenta-se garantir que os bancos deem às empresas o dinheiro de que precisam. Estamos falando de todos os bancos, não somente dos grandes bancos, mas também dos bancos médios e dos pequenos, que têm uma carteira de empréstimo relevante para as empresas. É desejável que esse ciclo continue.

Como se garante que esses empréstimos venham a ser feitos de fato? Ou, como se exige contrapartida dos bancos com uma medida como essa? Esse é um tema importante. As pessoas me perguntam por que não usamos simplesmente o lucro dos bancos para financiar as empresas. O problema é que o lucro dos bancos pertence aos acionistas, então não é como se existisse uma entidade chamada "banco", com determinado lucro, do qual seria possível simplesmente extrair um montante para fazer outros pagamentos. Não funciona assim.

No entanto, se o lucro se dá na forma de dividendos para os acionistas, uma das medidas que pode e deve ser tomada é exigir dos bancos, como contrapartida, que o pagamento de dividendos não seja feito aos acionistas, seja revertido para a sociedade de alguma maneira, por exemplo, com extensão de prazos, reduções de juros, ou pela forma que for. É preciso haver uma devolução.

Condicionar a entrada do Bacen no mercado de títulos a contrapartidas por parte dos bancos é fundamental. O Bacen comprará carteiras e algumas delas estarão com os títulos em um valor muito baixo. Ao comprar essas carteiras, o Bacen estará—e eu não vou poupar palavras para dizer o que ele estará fazendo—socializando riscos. É o que acontece quando os bancos centrais atuam dessa forma. Novamente: o Banco Central brasileiro não será nem o primeiro nem o último a fazer isso.

O Bacen é um ente público e, ao absorver carteiras privadas que têm riscos, também absorve o risco presente na carteira dos bancos. Por isso se torna possível destravar o mercado interbancário, porque o risco de contraparte é eliminado. Ao eliminar o risco de contraparte nas carteiras dos bancos, destrava-se o mercado interbancário e os demais mercados de crédito que servem à economia. O cenário adquire uma seminormalidade. No entanto, o Bacen terá absorvido uma porção de riscos privados que passam a ser, em última instância, riscos para o contribuinte.

Esse tipo de operação gera muita indisposição e uma sensação de que estamos privilegiando os bancos em detrimento do resto da economia. Por essa fissura entram argumentos demagógicos, de fácil apelo a quem não entende o sistema bancário e o seu papel na economia. Mas, como dito, nós estamos fazendo uma análise técnica da situação, uma análise que parte do que é, da realidade tal como ela se apresenta. Isso não nos impede de sermos críticos. Ao contrário: o entendimento de como as coisas funcionam qualifica nossa opinião, que é informada por conhecimento, afia a nossa crítica e pode tornar nossas ações mais adequadas, se queremos que o mundo seja diferente.

Levando em conta que a autorização do Banco Central para comprar títulos é necessária, é preciso estabelecer mecanismos para diminuir consideravelmente o risco dessa liberdade de ação para o Tesouro e o contribuinte. O que já foi feito e é possível fazer nesse sentido? Em 6 de abril de 2020, o Bacen emitiu a Resolução nº 4.797, que prevê a suspensão temporária de pagamentos de dividendos e bônus dos bancos sem determinar seu período de vigência. Em seguida, a Resolução nº 4.820, de 29 de maio de 2020, estabeleceu que o Banco Central atuará da forma que tenho descrito neste capítulo, "em especial durante o período de calamidade pública decretada em função da pandemia do coronavírus (Covid-19)".

Esse conjunto de resoluções é suficiente para amarrar a ponta para os bancos não entesourarem a liquidez que o Bacen está dando nem fazerem uso indevido dela? Não. O que essas resoluções fazem é impedir temporariamente que o dinheiro público, dado pelo Bacen por meio dessas compras de carteira, seja utilizado para pagar acionistas e, enfim, executivos, via pagamentos de bônus. Nesse período imediato, o procedimento está correto, está na direção certa, mas não é suficiente. É necessário, além disso, amarrar a medida da forma como já foi amarrada em diversos outros países.

Como isso foi feito no Brasil? A EC nº 106 autoriza o Bacen a comprar a carteira, mas o banco cuja carteira é adquirida fica impedido de pagar dividendos e de pagar bônus. Contudo, outro passo é necessário: quando a situação começar a se normalizar, ou seja, quando sairmos da crise e a economia começar a entrar nos trilhos, os bancos deverão ser impedidos de voltar a pagar imediatamente dividendos e bônus. Por quê? Porque o banco recebeu do Bacen um benefício na forma de dinheiro público. Logo, é fundamental incluir uma amarra, uma medida, um adendo, que pode ser feito via proposta de emenda constitucional ou lei complementar, estabelecendo que, até que todo o dinheiro dado ao banco A, B, C, D — cada um vai receber um tanto nessa compra de carteiras — seja ressarcido aos cofres públicos, esses bancos não poderão pagar dividendos ou bônus. É o mesmo que dizer que, em vez de distribuir lucro para os acionistas, o banco terá que distribuir os seus lucros para o Bacen e, em última análise, para o Tesouro, até que todo o montante que lhe foi dado tenha retornado aos cofres públicos. Assim se amarra a ponta, para que não ocorram distribuições indevidas de dinheiro público a acionistas de banco.

Nos Estados Unidos, em 2008, por exemplo, a contrapartida a esse tipo de transferência foi uma espécie de nacionalização indireta dos bancos, que passaram a ter determinadas obrigações para com o Tesouro Nacional. Essa é a parte que não fizemos para tornar a operação do Banco Central mais justa. Como sociedade, temos que ficar atentos não à medida em si, que vai na direção correta, considerando o contexto atual, mas às contrapartidas que vão ser exigidas dos bancos para que a socialização de riscos, que inevitavelmente ocorrerá, tenha algum retorno para a sociedade.

O objetivo principal da EC nº 106 não é, portanto, ceder dinheiro barato a bancos, mas dar ao Banco Central a capacidade de resposta para atender às necessidades que possam surgir e coloquem em risco a estabilidade financeira no país. É permitir que o Bacen tenha a capacidade de absorver a dívida do governo, que vai ter que ser emitida para cobrir os gastos necessários diante das demandas da pandemia. A EC nº 106 abre para o Bacen a possibilidade de atuar de formas que normalmente lhe são interditas.

De uma maneira ou de outra, vamos ter que fazer a dura travessia desta crise. Não há como contorná-la passando ao largo, mas, sim, enfrentando-a. E ela envolve escolhas difíceis. É assim que se gere a economia em tempos de crise. Economias em tempos de normalidade já envolvem escolhas difíceis; em tempos de crise, as diversas opções na mesa são ainda mais limitadas e as escolhas potencialmente mais críticas e controvertidas.

10

QUARENTENAS INTERMITENTES E RECONVERSÃO INDUSTRIAL

Tem demorado para que a realidade seja absorvida: a pandemia alterou os rumos da economia, e essa mudança não é temporária. O tempo da pandemia e de seus efeitos na economia não é o tempo que muitos fantasiam. Falo em fantasia porque, a cada novo estudo científico publicado sobre a Covid-19, aparecem críticas apressadas e interpretações equivocadas, em lugar de reflexões e revisão das próprias crenças. Existe hoje uma tendência a criticar e rebater de modo quase instintivo tudo o que soa inconveniente. Uma das vítimas desse padrão foi um artigo publicado na revista *Science* por cientistas da Universidade Harvard, em maio.

Esse estudo, além de trazer modelos epidemiológicos, traçou cenários a partir do que se sabia sobre a Covid-19 naquele momento e reconheceu que ainda havia muito a descobrir. Apesar disso, a pesquisa de pronto se tornou alvo de repúdio por ter apresentado uma realidade difícil: a de que o vírus ficará conosco por muito tempo, no melhor dos cenários, até 2022. Assim, considerando que esse prognóstico esteja correto, o mais provável é que, nos próximos dois anos, tenhamos de conviver com períodos de quarentena intermitente. Isso significa que, para não sobrecarregar os sistemas de saúde, prevalecerá um quadro de vaivém no que se refere a medidas sanitárias.

Tal quadro terá implicações diretas na retomada da economia, quando conseguirmos sair da fase mais aguda da crise. Há, claro, uma ressalva a ser feita: a de que podemos ter o desenvolvimento de uma vacina eficaz. Mas, mesmo que se consiga produzi-la, existe uma questão logística de distribuição global, e não é razoável acreditarmos que uma vacina poderia ser distribuída no mundo inteiro da noite para o dia. Era tão verdade em abril quanto continua sendo agora: há muito sobre a Covid-19 que desconhecemos, nós, os leigos no conhecimento específico que ela requer, e mesmo os cientistas.

Nos primeiros meses da pandemia, muitos estudos e descobertas foram produzidos com base em amostragens pequenas de pacientes, ainda que com metodologias corretas. A questão é que são necessárias mais peças para termos segurança a respeito do conhecimento que está sendo construído. Temos que estar conscientes de que qualquer estudo publicado é uma peça adicional num edifício em construção. A ciência está sendo feita todos os dias, e o tempo da pesquisa científica não é o tempo nem da vontade nem dos afetos. O tempo da pesquisa científica também não é o tempo da economia. São tempos distintos, em especial quando estamos diante de uma pesquisa científica dessa envergadura.

Mas, diante do que já sabemos, na ausência de vacinas e tratamentos eficazes e com dúvidas sobre a imunidade adquirida, o cenário mais razoável a se ter em mente neste momento é o de que teremos, sim, quarentenas intermitentes. Haverá idas e vindas nesse quadro de isolamento, pois enquanto tivermos de conviver com o vírus teremos de manter os sistemas de saúde operando com capacidade de resposta suficiente e não sobrecarregados. Em estado de sobrecarga, esses sistemas colapsam e a situação é muito pior para todos, inclusive para a economia. Por outro lado, será possível relaxar a quarentena nos momentos em que a pandemia estiver razoavelmente controlada nos países ou localidades em que não houver risco de sobrecarga do sistema de saúde. Se o relaxamento levar a um recrudescimento da pandemia, a quarentena será imposta de novo.

O gráfico do achatamento da curva (*ver Imagem 15*) mostra o que as medidas de quarentena são capazes de fazer pelo sistema de saúde: garantir que a curva roxa fique abaixo da linha laranja, que representa a sobrecarga do sistema, e achatar a curva de tal forma que o sistema tenha capacidade de atendimento.

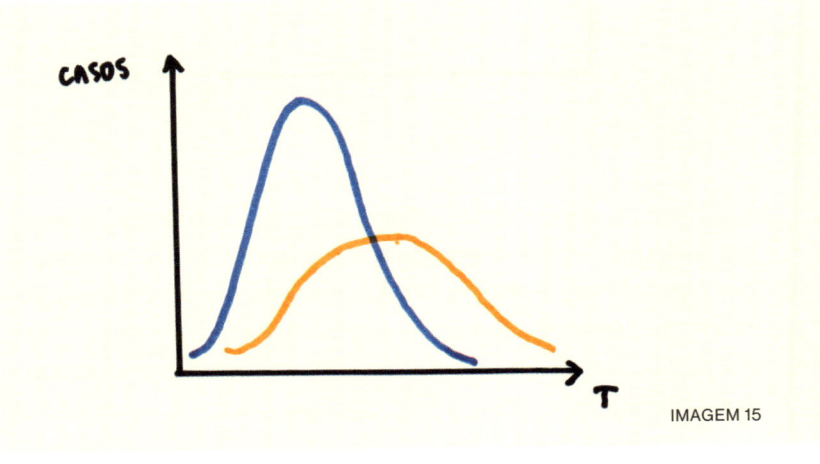

IMAGEM 15

Esse cenário potencial, que considero provável, tem grandes implicações para a economia. A questão é: se quisermos pensar quais são os cenários possíveis para a economia, o nosso pensamento não pode se dar de modo desconectado do que está sendo construído pela ciência. Qualquer projeção que não se valha do que a ciência está descobrindo para propor medidas econômicas é um cenário de fantasia, sem conexão com a realidade. Esse é um ponto fundamental a ser entendido, porque muitos economistas estão trabalhando com a seguinte hipótese (*ver Imagem 16*):

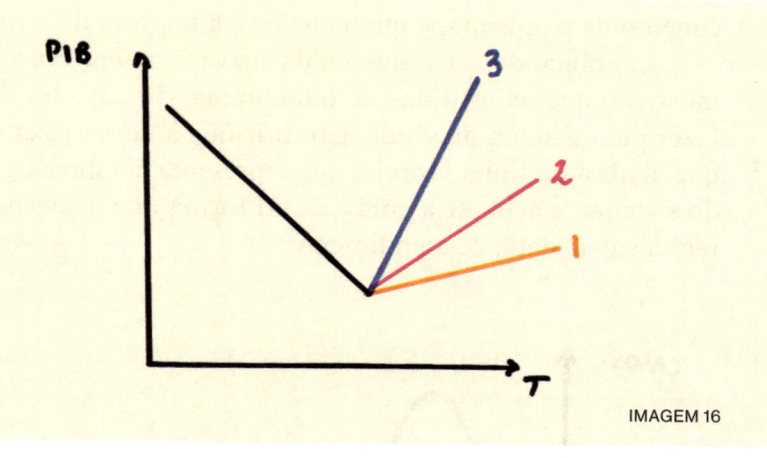

IMAGEM 16

No eixo vertical do gráfico, temos o PIB das economias. Consideremos que esse é o PIB do Brasil. No eixo horizontal está o tempo (T). O que está acontecendo agora é que estamos entrando numa situação de queda expressiva do PIB. Diante disso, encontramos economistas com projeções diversas. Por exemplo, em 14 de abril, o FMI liberou as suas projeções para o PIB mundial e para o que pode acontecer com o PIB de países específicos. Para a economia mundial, o Fundo previa, naquele momento, uma queda de 3%; para o Brasil, uma queda de 5%. Eu já estava trabalhando com a possibilidade de uma queda de 5% no PIB lá atrás, em meados de março. Há alguns economistas que divergem quanto à magnitude dessa queda, mas hoje estou entre aqueles que preveem os piores cenários: entre 6% e 9%, a depender das medidas e das respostas econômicas e sanitárias do governo à epidemia. Como o governo tem estado inerte, entendo que a gente esteja caminhando mais para perto de 9% do que para perto de 6%. Em junho, o FMI alterou a sua projeção de queda do PIB da economia brasileira para 9,1%. A partir dessa queda expressiva do PIB, representada na Imagem 16 pela linha descendente, há quem imagine cenários mais ou menos lineares.

Poderia ser um cenário de recuperação muito lenta, representado pelo 1. Nesse caso, o PIB demoraria muito para se recuperar e não chegaria a retornar — digamos que nos próximos dois anos, para estabelecer um número para T — ao nível apresentado antes da pandemia. Há um cenário intermediário, o 2, em que a recuperação ainda seria lenta, mas mais rápida do que no cenário 1. Nesse caso, estaríamos na metade do caminho da volta no período de dois anos. Não teríamos alcançado o nível de PIB que tínhamos antes da pandemia, mas já teríamos percorrido metade do caminho. E há o cenário 3, o mais otimista, em que teríamos a queda do PIB e a recuperação rápida, com um retorno, num período de um a dois anos, ao nível que o PIB apresentava antes da pandemia.

É mais ou menos desse modo que muitos economistas vêm trabalhando os cenários pós-queda expressiva do PIB e de retomada econômica. Mas qual o problema de todos esses cenários? O cenário 3 é de um otimismo fabuloso. Podemos desconsiderá-lo de cara, porque não vai ser assim. Quanto ao 1 e ao 2, são cenários de retomada linear, sistemática, constante. E esse seu aspecto de linearidade é um problema, porque os transforma em cenários em completo desalinho com os estudos como aquele publicado na revista *Science*.

Se vamos enfrentar um período de quarentenas intermitentes, que pode ser muito longo, temos diante de nós um cenário que afeta diretamente o que vai acontecer com a economia. Esse quadro de longa convivência com a pandemia e, consequentemente, com medidas sanitárias, não é compatível com um cenário de retomada linear, conforme os descritos na Imagem 16. Esse quadro não é compatível com linearidade alguma.

É de extrema importância que os economistas prestem atenção e absorvam dos estudos científicos o que é relevante do ponto de vista das implicações econômicas. No caso desse estudo desenvolvido na Universidade Harvard, sua importância está em indicar que o cenário de quarentenas intermitentes é, no mínimo, possível e deve ser considerado: eu o considero realista e provável.

É claro que, para quem tenta dar conta do cenário que se instaura com a pandemia com um pensamento linear, o que digo pode soar uma espécie de exercício de adivinhação do futuro, de futurologia. Mas trata-se, na realidade, de olhar o que acontece no mundo e imaginar qual vai ser o cenário à frente. Esse é, decerto, um esforço intelectual diferente daquele para o qual costumam ser treinados os economistas, que é o de extrapolar a partir do passado para conferir alguma previsibilidade ao futuro.

A imaginação, aqui, vem em socorro da necessidade de agir em circunstâncias em que não se pode prever o futuro com os recursos que temos à nossa disposição. A imaginação deve ser usada para que encaremos os desafios que se apresentam sem alimentar a fantasia de que o retorno a um estado anterior é possível. Não podemos simplesmente fantasiar o que queremos que aconteça, e me parece que há uma insistência nessas fantasias lineares desconectadas da realidade.

    Posso estar enganada, errada, equivocada, claro. Mas errar é um risco que assumimos em nome do pensamento, porque é preciso entender o que acontece. O conhecimento nos ajuda nesse processo; no entanto, deve ser um instrumento do pensamento, não um obstáculo a ele. O que eu pensava em março e abril acabou se confirmando, no entanto, se as circunstâncias mudarem, vou me adaptar a elas, pois — nunca é demais repetir — estamos lidando com uma situação sem precedentes. E não dispomos de nada, de nenhum parâmetro construído no passado para refletir sobre o que está acontecendo agora. Também por isso temos a obrigação de acompanhar a ciência e de imaginar, a partir dela, qual pode ser o cenário adiante.

    Dito isso, vamos analisar como a economia se comporta no contexto de quarentenas intermitentes (*ver Imagem 17*).

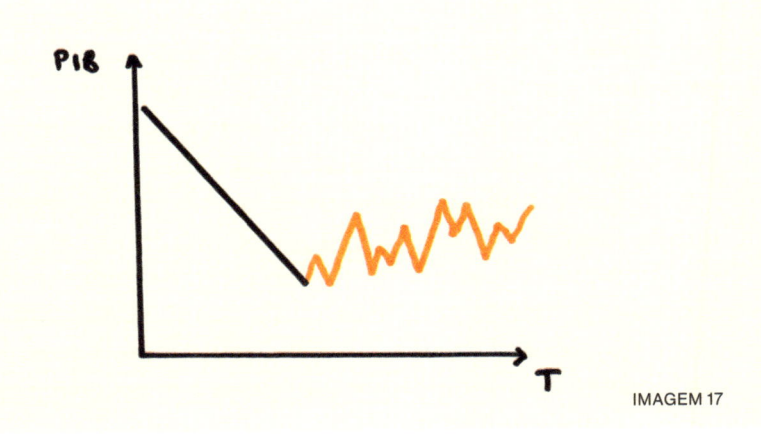

IMAGEM 17

Temos aqui um cenário que não é linear no sentido monotônico. Ele não está indo monotonicamente em uma direção, como os cenários 1, 2 e 3 da Imagem 16, que são cenários lineares e de monotonicidade, com trajetórias em uma direção. Diante da intermitência, um quadro de monotonicidade não é viável, porque constitui um cenário em que, se a quarentena for relaxada, haverá um respiro econômico, e, quando a quarentena for retomada, ocorrerá uma queda, e assim sucessivamente. Esse é o cenário mais compatível com a quarentena intermitente destacada no estudo de Harvard.

Na Imagem 17, a economia praticamente não volta ao ponto em que estava, ao menos não em um período de tempo considerável. Acredito que os próximos dois anos serão difíceis para o Brasil e a nossa economia. Se chegar a haver retomada, acredito que ela não será sistemática e consistente, e sim em zigue-zague. Na prática, em termos de medidas econômicas, isso significa, em primeiro lugar, que muito do apoio que estamos precisando dar para a economia hoje, tanto do lado fiscal quanto do lado monetário, não poderá ser interrompido tão cedo. Poderemos afinar as medidas para que elas se adaptem a um determinado padrão de zigue-zague, porém não será possível abrir mão de todas as medidas. Esse cenário reforça o argumento a favor de que certas medidas se tornem permanentes, como é o caso da renda básica.

A razão é óbvia: o quadro de intermitência implica que as pessoas que ficam mais vulneráveis no momento em que a quarentena é determinada estarão o tempo todo à mercê da dinâmica da pandemia, das medidas sanitárias e do impacto econômico. Uma renda básica para essas pessoas lhes daria alguma segurança financeira para necessidades relacionadas à sua subsistência.

É claro que o argumento para a renda básica permanente é mais abrangente. Já fazia sentido antes mesmo da pandemia e é algo que vem sendo discutido no mundo há bastante tempo. Foi um experimento bem-sucedido na Finlândia, na Escócia, no Quênia e em outras localidades, como o Alasca, nos Estados Unidos. Antes de termos sido atingidos pela pandemia, o principal debate ao redor do tema estava ligado ao processo de automação e à consequente perda de postos de trabalho: se há um processo de automação em andamento, é necessário que se garanta a sobrevivência daqueles que perdem seus empregos.

A questão da renda básica também se colocava como uma forma de enfrentar os problemas da desigualdade e da mobilidade social, ou, em outras palavras, de uma perspectiva normativa, que trabalha com um horizonte de igualdade. Dessa perspectiva, a renda básica contribui para a inclusão na cidadania. Se isso fazia sentido antes da pandemia, faz ainda mais sentido agora, dado que com a pandemia a desigualdade se tornou mais premente. Como a desigualdade também se tornou mais visível, temos aí uma oportunidade para fazer essa agenda avançar no Brasil, como em outros lugares do mundo.

Outro ponto que precisa ser enfrentado é que, para auxiliar o esforço de reconstrução econômica, precisaremos investir em infraestrutura. Um elemento fundamental para o êxito contra doenças infecciosas e a preservação do meio ambiente é o saneamento básico, cujo acesso é restrito no Brasil. Precisamos desenhar desde já uma agenda de investimentos públicos para atender às necessidades que surgirão desta crise. Abordaremos essa questão mais detalhadamente no Capítulo 16.

Reconversão industrial: uma saída para a crise

Outra ação que se mostra fundamental diante do cenário que poderemos ter nos próximos dois anos é a reconversão industrial. Diversos países, como o Reino Unido, a Alemanha e os Estados Unidos, começaram a adotar essa medida entre março e abril. Ainda em março, quando a pandemia se alastrou pelos Estados Unidos, empresas do porte da General Motors e da Ford, por exemplo, já estavam fazendo o redesenho das suas instalações para fabricar ventiladores mecânicos e outros equipamentos médicos. No Brasil, no mesmo período, iniciaram-se os primeiros esforços de viabilização dessas medidas.

Historicamente, a reconversão industrial é uma iniciativa que, em geral, está ligada a contextos de guerra, quando determinados produtos se tornam supérfluos e outros, fundamentais. Não quero com isso reforçar a analogia entre os esforços para responder à pandemia e os esforços de guerra. Como já dito neste livro, entendo que uma analogia inicial possa se justificar para comunicar a dimensão dos desafios que a pandemia nos impõe, mas ela é frágil em outros aspectos e perigosa quando usada por políticos autoritários, além de ofuscar a singularidade e o ineditismo do problema.

Mas há, de fato, semelhança nesse aspecto específico, com a diferença de que, no caso da pandemia, a reconversão consiste no uso de fábricas, em especial as da área de construção automobilística e de autopeças, para produzir estrutura e equipamentos médicos a partir de desenhos de impressão em 3D. São empresas e fábricas que contam com um conhecimento de engenharia que pode ser ajustado a essa finalidade. Vale lembrar que, já nas primeiras semanas da pandemia, muitas dessas fábricas deram férias coletivas a seus funcionários em função das medidas de saúde pública e da desaceleração da produção.

Mais uma vez relacionando economia e ciência, o tema da reconversão industrial está atrelado ao que acontece com o zigue-zague apresentado na Imagem 17. Isso ocorre porque, como apontou o estudo publicado na *Science*, o aumento da capacidade hospitalar melhora o espaçamento do movimento de ir e vir das quarentenas, ou seja, aumenta o intervalo da intermitência. Nesse contexto, a reconversão industrial está ligada à capacidade hospitalar. É possível que tenhamos que construir mais hospitais, abrir mais leitos, produzir equipamentos, como respiradores mecânicos e peças para eles, equipamentos de proteção individual (os EPIs), como aventais, máscaras, e assim por diante. E, uma vez que essa doença continuará em circulação, além do fato de que será preciso produzir para os profissionais de saúde, haverá necessidade de produtos como máscaras e luvas para a população em geral.

Repetindo: está tudo interligado. Se conseguirmos aumentar a capacidade de resposta dos sistemas de saúde, será possível espaçar as quarentenas intermitentes. Quanto mais espaçadas elas forem, menos volátil será a retomada da economia, como mostra o próximo gráfico (*ver Imagem 18*).

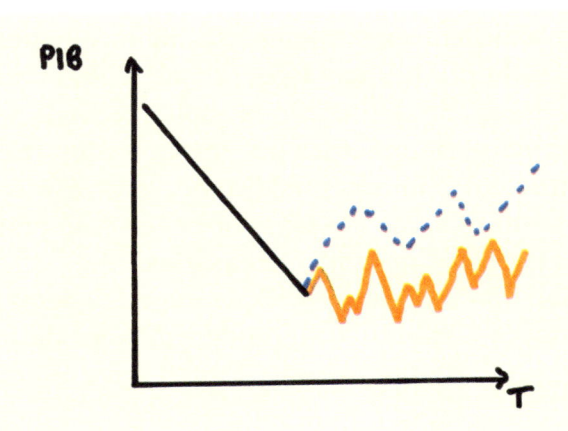

IMAGEM 18

As linhas cheias são iguais às da Imagem 17: a linha T representa o tempo, e, no eixo vertical, vemos uma queda do PIB em decorrência da crise, seguida de uma recuperação em zigue-zague atrelada à intermitência da quarentena. Já a linha pontilhada é uma consequência das quarentenas mais espaçadas. Como a imagem mostra, se o espaçamento entre as paradas na economia for maior, as variações entre quedas e subidas também ficarão mais espaçadas, a relação entre quedas e subidas será menos abrupta, permitindo que a economia respire por mais tempo e se revigore.

Se conseguirmos espaçar as quarentenas, por termos maior capacidade de atendimento aos doentes, não só o zigue-zague será suavizado, como também poderemos tentar empinar a curva do PIB e tornar a retomada da economia um pouco mais forte. Isso pode acontecer porque, ao produzir as condições necessárias para reagir à pandemia, criaremos, ao mesmo tempo, uma movimentação produtiva na economia, com a geração de empregos e a sustentação à indústria.

Quem pode auxiliar a promover esse esforço de reconversão industrial? O BNDES. Com os R$ 100 bilhões que o banco tem de caixa hoje, ele pode oferecer linhas exclusivamente destinadas à reconversão industrial. Em especial se considerarmos as empresas de menor porte, que estão tendo mais dificuldades, e que tenham atividades em setores correlatos. Por exemplo, pequenas empresas que atuam na área têxtil podem ser reconvertidas para produzir equipamentos médicos de proteção com uma linha do BNDES, usando taxas que não sejam proibitivas, como é a TLP, e que sejam prefixadas.

Por que isso é positivo? Porque impede que as fábricas (pequenas, médias ou grandes) deixem de funcionar e porque ajuda a sustentar ao menos algum nível de emprego para uma parte dos trabalhadores da indústria, que podem ser remanejados para fabricar equipamentos médicos necessários. Portanto, não é demais enfatizar a importância da reconversão industrial, não apenas neste momento de crise, como também na fase de retomada.

O que a ciência está nos dizendo a respeito do quadro de quarentenas intermitentes tem implicações no modo como a economia se recupera, o que, por sua vez, tem implicações para o desenho de políticas econômicas. Precisamos articular medidas econômicas que façam sentido. Precisamos que os nossos economistas, os nossos gestores de política pública, enfim, todos os que estão no debate público pensem junto com a ciência, porque as respostas mais eficazes só virão se estivermos conectados com a realidade.

Se quisermos reinventar a nossa própria realidade à parte do mundo lá fora, vamos errar, vamos deixar a economia numa situação muito pior do que ela poderia ficar, e não estaremos fazendo o melhor que poderíamos neste momento inédito e extraordinário. Na prática, isso significaria colocar muito mais vidas em risco.

O Brasil passou os primeiros meses da crise dando respostas atrasadas — ou não dando resposta alguma. Um governo eficaz é aquele que pensa em diferentes frequências. As frequências imediatistas e de curto prazo sem dúvida são cruciais para responder à chegada das crises, mas também é fundamental um olhar mais visionário, que permita enxergar o que vem pela frente. Se um governo não opera na frequência visionária, além de colocar a população em risco, ele não cumpre suas responsabilidades como deveria.

O esforço a ser feito é grande, mas não impossível. Parece impossível apenas para aqueles que resistem a usar a imaginação e insistem em se escorar em corrimões, para se segurar a um passado que já deixou de existir.

11

O BNDES E A TLP
EM TEMPOS DE PANDEMIA

Na época em que a Taxa de Longo Prazo (TLP) foi aprovada, em 2017, fui publicamente favorável à medida, com críticas e ressalvas tanto a ela quanto ao teto de gastos, como pode ser lido no artigo "Sofreguidão", publicado na revista *Época*. O tema da TLP é complexo e tem história. Em 2008, durante o governo Lula, o Brasil lançou mão de várias medidas para combater a recessão que, inevitavelmente, viria em decorrência da crise financeira que tinha irrompido naquele ano. O governo também adotou medidas para combater os efeitos da crise em si, além da recessão. Entre essas medidas estava a utilização do BNDES e do crédito subsidiado dessa instituição.

Àquela altura, o BNDES concedia empréstimos à Taxa de Juros de Longo Prazo (TJLP), que, como veremos neste capítulo, não se confunde com a TLP. A TJLP, que permanece, foi criada quando ainda tínhamos um problema inflacionário e não havia mercado de crédito de longo prazo bem estabelecido no Brasil. Sua criação buscava instituir uma taxa de juros de longo prazo de referência. O problema é que ela não era, nunca foi e não é uma taxa determinada pelo mercado. A TJLP era determinada pelo Conselho Monetário Nacional, com base numa fórmula ajustada mensalmente para não ficar muito defasada em relação às taxas de mercado. Mas a própria fórmula continha um elemento de subsídio que acabou se tornando forte.

Estudos técnicos feitos pelo próprio BNDES mostram que, naquela ocasião, mais precisamente em 2009, cada R$ 1 gasto pelo banco em crédito para impulsionar investimento gerou R$ 1,18 de investimento adicional, o que representou um impulso significativo para a economia brasileira em um momento de crise. O problema é que essas operações não foram desmontadas quando os subsídios do BNDES já não eram necessários para sustentar a economia: em 2010, por exemplo, a economia brasileira cresceu 7,6%, mas os subsídios do crédito público continuaram. Mesmo desnecessárias, essas operações continuaram sendo, ao contrário, largamente utilizadas, como se viu durante todo o governo Dilma.

Uma questão importante a esclarecer, portanto, é que as formas de atuação do BNDES não são, *per se*, nem boas nem más. Elas podem ser boas ou más, acertadas ou não acertadas em função das circunstâncias. Em termos mais concretos, embora a atuação do banco tenha sido benéfica naquele momento de crise, em 2008 e 2009, tornou-se prejudicial à medida que se prolongou no tempo, incidindo em circunstâncias muito diferentes daquelas que a justificaram, até resvalar em um tipo de assistência por meio de uma taxa subsidiada a empresas de grande porte. Essa política acabou gerando impactos fiscais e grande distorção no mercado financeiro.

A política que mais critiquei em *Como matar a borboleta-azul*, meu livro sobre a era Dilma, foi o uso do

BNDES como veículo para dar crédito subsidiado a grandes empresas, que, como tais, poderiam muito bem tomar crédito em outros mercados. Essas grandes empresas se beneficiaram enormemente dessa política. Entre as beneficiadas estavam aquelas de alguma maneira envolvidas na Operação Lava-Jato, cujas práticas justificadamente se tornaram objeto de crescente controvérsia, mas cujas revelações devem passar por escrutínio na formação do nosso juízo político e moral, em vez de serem sumariamente descartadas.

Um efeito do envolvimento dessas empresas em esquemas de corrupção foi transformar o BNDES em alvo de ataques de grupos que se reuniriam depois em torno da candidatura do atual presidente, Jair Messias Bolsonaro, nas eleições de 2018. Mas a essa altura é preciso lembrar que o BNDES é uma instituição pública e não faz nada que não seja por orientação do governo. Foi seguindo essa orientação que o banco fez os empréstimos que fez, e esses empréstimos geraram distorções graves na economia brasileira.

O BNDES tem um papel crucial a cumprir no momento. Desde a sua criação, em 1952, esse banco tem sido muito importante em momentos históricos diversos que vão desde o nosso processo de desenvolvimento a momentos de crise, como a de 2008. O BNDES teve papel central em grandes projetos de infraestrutura ao longo de várias décadas, além de ter sido fundamental na provisão de crédito de longo prazo para empresas de portes variados. Além disso, bancos públicos como o BNDES são de extrema valia em momentos de crise, pois, quando se torna difícil fazer com que o crédito chegue às empresas — como discutido no Capítulo 10 —, esses bancos podem ser usados justamente para essa finalidade.

O problema que enfrentamos atualmente é que o governo Bolsonaro tem um olhar ideológico sobre o papel do BNDES. Se nos governos petistas, sobretudo na gestão Dilma, o banco foi usado para objetivos políticos que pareciam mais afinados com os interesses da sua base partidária do que com os interesses da sociedade brasileira, agora ele não é usado para sustentar uma retórica de total diferenciação do governo Bolsonaro em relação aos de Lula e Dilma, e a sua adesão a um ideário que identifica liberalismo com Estado mínimo. Dois efeitos dessa relação com o banco são, primeiro, não utilizar os seus recursos da forma adequada ao tamanho do desafio desta crise e, segundo, reforçar no imaginário nacional a ideia de que o uso do BNDES é ruim por si só, o que é de uma inominável insensatez.

O BNDES é, provavelmente, o instrumento mais poderoso que temos para que o crédito chegue às empresas na crise atual. A Caixa Econômica Federal tem feito uma parte desse trabalho, mas o BNDES é muito maior e tem uma capacidade imensa de direcionar recursos. Atualmente, o nosso Banco de Desenvolvimento tem R$ 100 bilhões em caixa que poderiam estar sendo direcionados a uma gama de ações, mas que não estão sendo porque o governo não quer. Essa é a situação em que estamos.

O mandato do nosso Banco de Desenvolvimento é gerar financiamentos de longo prazo para o desenvolvimento do país, o que não quer dizer que ele só possa operar com um tipo de taxa de longo prazo. Ao contrário, sendo um banco de desenvolvimento, sua capacidade de atuação não deve se restringir a um tipo de taxa, já que, num momento de crise, essa taxa pode tornar o crédito extremamente caro, como está acontecendo agora.

Depois do impedimento da presidente Dilma, o governo Temer iniciou uma série de reformas, anunciando até mesmo uma reforma do BNDES. Essa reforma consistiu, essencialmente, em uma mudança na taxa de juros que o BNDES poderia cobrar nos empréstimos, com a criação da TLP. Ao contrário da TJLP, a TLP é uma taxa que varia de acordo com as condições de mercado, o que significa que dela se remove o componente de subsídio. A medida tinha elementos positivos e negativos, e eu os discuti na época. Como qualquer assunto, esse também tem muitas nuances. A TLP objetivava algo que precisava ser feito: remover o componente de subsídio das taxas do BNDES, sobretudo porque o banco estava atuando no mercado de grandes empresas. Ao mesmo tempo, porém, essa nova taxa criou um problema, e eu não fui a única a vê-lo. Economistas como José Roberto Afonso e Leonardo Ribeiro também publicaram artigos naquele momento tratando do tema: a TLP, como fora formulada e como permanecia então, acabaria por reduzir enormemente a capacidade de atuação do BNDES. Foi exatamente o que aconteceu.

Um dos problemas da TLP é sua vinculação à inflação, o que faz com que ela varie de acordo com o IPCA. Em outras palavras, é uma taxa variável, cujo valor é conhecido *ex-post*, isto é, depois de divulgada a inflação — e a esse componente da TLP damos o nome de "pós-fixado". Mas a TLP também varia de acordo com a NTN-B de cinco anos, que é um dos títulos do governo. Parte dela é, portanto, uma taxa prefixada, que se estabelece no momento da contratação de uma NTN-B ou de uma operação vinculada à NTN-B, e parte tem um componente variável. A TLP não é, portanto, puramente prefixada. Contudo, a NTN-B que importa na criação da TLP é a NTN-B de cinco anos. O que significa que ela embute um prêmio de risco de cinco anos.

Por que estamos falando de TLP, NTN-B e NTN-B de cinco anos? Por que isso importa? Há muitas empresas hoje — micro, pequenas e médias — necessitando de capital de giro. Enquanto isso, o BNDES tem R$ 100 bilhões em caixa que ele poderia facilmente destinar a elas por meio de vários tipos de linhas de crédito. Contudo, mesmo que o governo federal determinasse ao banco tomar essa iniciativa, haveria outro problema: as micro, pequenas e médias empresas em geral querem crédito por dois anos, e a taxa estabelecida para a TLP tem vínculo com um papel de cinco anos. Então, é uma taxa muito mais elevada do que seria uma taxa de dois anos, uma vez que embute um prêmio de risco maior.

E o que seria prêmio de risco? É aquele adicional que se embute na taxa de juros e que reflete o prazo. Em outras palavras, se o papel tem um prazo mais longo, ele embute um prêmio mais longo na taxa do que se estivesse trabalhando com um horizonte mais curto, de dois anos. A consequência é que, hoje, a TLP é proibitiva para as micro, pequenas e médias empresas, já que, na prática, não permite que empresas desses portes recorram ao BNDES para tomar empréstimos.

Existem várias soluções para esse problema. Bastaria ao governo adotá-las. Não precisamos passar, imediatamente, de um modelo no qual a taxa está vinculada ao mercado para um modelo de subsídio. Para casar as necessidades, o Tesouro Nacional tem várias taxas de referência, em diferentes modalidades de empréstimo, e todas são determinadas pelo mercado. Várias delas são puramente prefixadas, ou seja, são predeterminadas no momento em que se contrata a operação.

É fundamental que as micro, pequenas e médias empresas consigam contratar crédito a uma taxa de juros que elas conheçam desde hoje, porque já há a incerteza gerada pela pandemia e pelos riscos econômicos que estão postos. Trabalhar com qualquer tipo de taxa que tenha um elemento de pós-fixação, ou seja, que só será conhecido depois da contratação do crédito, é um risco enorme para qualquer empresa.

Diante disso, uma possibilidade seria permitir que o BNDES não emprestasse só à TLP, mas a outras taxas que o Tesouro Nacional usa como referência: são todas taxas de mercado e muitas são prefixadas, o que atende à demanda por um horizonte de previsibilidade. Não é difícil fazer isso, basta um projeto de lei complementar e, assim, o governo introduz um leque maior de opções para o BNDES e as empresas, criando mecanismos que hoje inexistem. Pois, como já dito, a taxa de longo prazo está proibitiva para esse segmento, que emprega bastante gente e não está tendo acesso a linhas de capital de giro básicas, como no passado.

Nessa proposta geral não há nenhum elemento de subsídio. É algo que pode ser feito sem necessidade de introduzir uma nova taxa subsidiada, uma vez que se está simplesmente utilizando as taxas de referência do Tesouro Nacional. E, além disso, esse tipo de ação pode ser desenhado para ser exclusivamente destinado às micro, pequenas e médias empresas, o que, reitero, seria importante para a economia e de uma relevância enorme para esse segmento do mercado, que está mal atendido hoje. Quanto às grandes empresas, elas têm acesso a crédito dos grandes bancos e não precisam recorrer ao BNDES.

Se estivermos em uma situação ainda pior mais à frente, o que é provável, também será possível desenhar mecanismos dentro de um mesmo projeto de lei, incluindo um redutor da TLP. Significa dizer: caso até mesmo as taxas de referência do Tesouro Nacional se mostrem proibitivas para as micro, pequenas e médias empresas em algum momento, pode-se inserir um pequeno elemento de subsídio.

Um caso hipotético: cria-se uma linha de crédito emergencial x, que será dada a 0,8% da TLP, e se coloca um fator de redução na TLP, que é, na prática, um elemento de subsídio. Hoje me parece que o problema já se resolveria sem qualquer subsídio, simplesmente permitindo que o BNDES fizesse empréstimos a outras taxas, alinhadas às taxas de referência do Tesouro Nacional, e que, sobretudo, fossem prefixadas. Insisto: a prefixação é importante para empresas que estão com dificuldade e precisam da previsibilidade dos juros prefixados neste cenário de grande incerteza.

Linhas de crédito diretas

É preciso ressaltar que, atualmente, o BNDES não empresta diretamente a pequenas e médias empresas, e sim por meio de linhas que ele disponibiliza aos bancos, incorporando o risco do empréstimo no seu balanço. Mas há mecanismos para fazer com que os empréstimos cheguem aonde devem chegar. Todo banco de desenvolvimento tem alguma parte sua que atua dessa forma, com as linhas de repasse para os bancos e contratos com condicionalidades para que eles direcionem os recursos para as empresas, com a finalidade de que o dinheiro chegue à ponta. No passado isso funcionou mal? Sim. Mas não significa que precise funcionar mal no presente. Há exemplos de sobra de como fazer isso.

Na França, em 2008, por exemplo, o papel dos bancos públicos na resposta à crise, principalmente dos bancos de desenvolvimento, ficou tão em evidência que foi criado o BPI, um banco de desenvolvimento que hoje está sendo utilizado de forma agressiva para prover o tipo de crédito que acabo de descrever. Na Alemanha há o KFW, um banco inteiramente estatal que teve alguma dificuldade na crise de 2008, mas que foi recapitalizado pelo governo alemão. Chamado pelas autoridades alemãs de Bazuca, o KFW também tem a capacidade de fazer esse tipo de linha de crédito que descrevi.

Na América Latina, há o banco de desenvolvimento da Colômbia, que tem mostrado um trabalho espetacular ao fazer o crédito chegar às empresas. E há, além desses, exemplos de bancos de desenvolvimento globais, multilaterais, como a International Finance Corporation (IFC), braço privado do Banco Mundial que só opera com o setor privado. Os empréstimos que esse banco disponibiliza vão direto para o sistema financeiro. E, para que cheguem às empresas que deles necessitam, são amarradas condicionantes.

Menciono todos esses exemplos, que vão de bancos de desenvolvimento de países europeus e latino-americanos a multilaterais globais, para reiterar que é possível fazer linhas de crédito diretas para pequenas e médias empresas sem ter que passar pelos bancos comerciais. O BNDES está repleto de técnicos competentes e aptos a elaborar rapidamente esse tipo de linha de empréstimos diretos, sem precisar do repasse para os bancos. Existe o conhecimento dessas práticas mundo afora e existe muito desse conhecimento e capacidade dentro do próprio BNDES.

Por que estou olhando com especial atenção para as micro, pequenas e médias empresas? Porque, como já dito, elas desempenham papéis muito importantes na economia brasileira, por serem mais intensivas em mão de obra e terem maior potencial de geração de empregos. Depois, há da parte delas um dinamismo econômico grande, já que uma empresa que nasceu pequena pode se tornar média e, se for competitiva e tiver condições, tornar-se grande. Independentemente disso, é significativo para a economia e para o ecossistema como um todo que existam empresas de todo porte. Considere-se ainda que quando há empresas pequenas e médias atuando em setores em que também atuam grandes empresas, o grau de concentração entre empresas nesse mercado é diminuído.

Quanto ao grau de concentração, é preciso fazer uma observação: sem a atuação do BNDES, estamos vendo hoje que o mercado de capitais, mesmo diminuído por conta da crise, está suprindo recursos para empresas, além dos bancos. Entretanto, para as micro, pequenas e médias empresas isso é indiferente, porque quem emite debêntures e outros papéis no mercado de capitais no Brasil são, em sua maioria, as grandes empresas.

Então, temos um sistema em que o BNDES se mantém inoperante por determinação do governo, enquanto o mercado de capitais segue funcionando. Essa maneira de funcionar será concentradora na saída da crise, e isso é o que não se deveria defender quando se é pró-concorrência. Logo, esse modo de agir, em relação ao BNDES e ao mercado de capitais, não faz o menor sentido.

Se o mercado de capitais está suprindo as grandes empresas, existe uma tendência à concentração em diversos setores. Se o BNDES estivesse atuando, dando apoio aos micro, pequenos e médios empreendimentos, ocorreria o oposto, ou seja, haveria tendência à desconcentração e à concorrência. Parece óbvio, mesmo assim não é o que o governo está fazendo, e por razões ideológicas. O problema é que cometer equívocos dessa ordem durante uma crise pode custar muito à sociedade. Outro uso apropriado do BNDES no cenário atual, como dito no Capítulo 10, seria usar seus recursos para financiar o processo de reconversão industrial.

Para concluir, ainda que o papel do BNDES no passado recente mereça críticas, não utilizá-lo como instrumento de combate à crise em nome de viés ideológico é um profundo equívoco. Esse equívoco sairá caro para a derrocada econômica inevitável e prejudicará as saídas da crise.

12

DA RESPONSABILIDADE FISCAL
À SEGURANÇA FISCAL: UMA
CONVERSA COM ÉLIDA GRAZIANE

Um efeito da pandemia foi abrir a possibilidade de criarmos campos de troca de opiniões, conhecimentos e aprendizados conjuntos, um campo de encontros para pensar em público e em companhia. A conversa a seguir transcrita, que mereceu especificações e desdobramentos pontuais nas falas de ambas as partes, foi uma das que tive com Élida Graziane Pinto, professora na Escola de Administração de Empresas de São Paulo da Fundação Getulio Vargas (Eaesp-FGV) e procuradora do Ministério Público de Contas do Estado de São Paulo.

Élida e eu exploramos nesta conversa as fronteiras e as trocas entre direito e economia, duas áreas do conhecimento relacionadas, duas dimensões importantes do debate público e da vida cotidiana que, no entanto, podem ser de difícil entendimento entre si e não menos de difícil compreensão para as pessoas. Neste diálogo, pensamos juntas temas como as formas reais e potenciais de ação do governo federal, dos estados e dos municípios na pandemia à luz de suas responsabilidades constitucionais, o subfinanciamento do SUS, o chamado "Decreto de Calamidade", a constitucionalidade do teto de gastos e seus efeitos sobre a provisão de serviços públicos.

MONICA/ O propósito fundamental desta conversa com Élida Graziane Pinto é refletir sobre o que deveríamos estar fazendo neste momento em que transitamos de um regime de responsabilidade fiscal para um regime de segurança fiscal. O tema da segurança fiscal toca diversas áreas, desde os estados e municípios até a situação da saúde. Mas então é preciso admitir, de saída, que a responsabilidade fiscal pertence a um mundo que ficou para trás com a chegada da pandemia e que a segurança fiscal faz parte desse outro tempo que vivemos agora. A meu ver, essa é uma situação limiar, uma transição para um outro mundo. Não sabemos como ele será, passada essa fase da pandemia, mas sabemos que o estamos construindo enquanto agimos neste tempo denso.

ÉLIDA/ A minha formação é jurídica, mas, sobretudo, dedicada à reflexão sobre os usos do direito financeiro, à medida que este propõe o diálogo sobre o que o orçamento público traz para as políticas públicas, para a economia e, principalmente, para a efetividade dos direitos fundamentais, que são direitos civis, políticos, econômicos, sociais e culturais inscritos na Constituição Federal de 1988. E a sua provocação é muito feliz no sentido de que não dá para pretender, neste momento, trazer a ideia de que o Estado cumpra meta de resultado primário, nem de que cuide apenas e tão somente do conjunto de regras fiscais – todas elas formuladas majoritariamente para conter gastos. Precisamos, na verdade, de um Estado maior, um Estado que resguarde a proteção dos mais vulneráveis, que faça a ação sanitária necessária no enfrentamento da pandemia.

Eu diria mais: não se trata apenas da esfera da saúde, nem da esfera da assistência social neste momento em que colocamos em risco a execução de serviços públicos essenciais, como coleta de lixo, segurança pública, a própria ideia da administração prisional, a educação básica obrigatória, que, bem ou mal, vai ter que ser prestada remotamente. Tudo isso reclama agora a presença ativa do poder público, que deve encontrar meios de prover seus serviços, adequadamente e em circunstâncias adversas. Ainda que municípios e estados tenham obrigações a cumprir na matéria, hoje o poder público com capacidade fiscal para fazer frente à crise é a União. E a União tem estado ausente nesse debate. Ela tem atuado de forma muito lenta, insuficiente, em uma crise que se desdobrará em outras e que é uma crise nacional. A União não pode se ausentar nem se omitir.

Nós falamos, inclusive, em responsabilidade solidária, não só pelo SUS, mas por todos os serviços essenciais. Então, no contexto atual, se a União não resguardar a proteção, a segurança de custeio, de continuidade desses serviços públicos, o cenário será de anomia. Para quem não é da área do direito nem das ciências sociais, anomia é a negação das próprias regras, não seu simples descumprimento, que é um fato social corriqueiro. Há risco de caos, de colapso, porque a população vai ver o Estado literalmente em risco de falência em sua própria razão de ser. Em estado de anomia, volta a prevalecer a lei do mais forte, voltamos a um cenário em que talvez não tenhamos sequer proteção para sairmos às ruas com segurança quando for essencial sair – para fazer compras, para que os profissionais da saúde continuem suas atividades. Imagine se houver rebeliões em presídios e a segurança pública não for mantida, imagine se não tivermos esse amparo mínimo do Estado, porque os estados e municípios estão perdendo as suas receitas. Haverá um colapso.

MONICA/ A queda da arrecadação é brutal, não é, Élida?

ÉLIDA/ Muito. A arrecadação dos estados e municípios, sobretudo a arrecadação que lhes dá a autonomia financeira necessária, vem principalmente de impostos. Eles recebem transferências do Fundo de Participação dos Municípios (FPM) e do Fundo de Participação dos Estados e do Distrito Federal (FPE), mas também de impostos. A União é quem tem a maior capacidade tributária do ponto de vista das contribuições, além de deter a capacidade de se endividar, de emitir dívida e, eventualmente, moeda. Nenhum estado ou município tem essas fontes de arrecadação. A queda dos impostos frustra a possibilidade desses estados e municípios de terem ao menos a segurança de que quitarão suas folhas de salário.

Veja o que aconteceu no estado do Amazonas em meados de abril: a Assembleia Legislativa pediu ao governo federal que promovesse intervenção porque os municípios não tinham capacidade de executar nem o próprio serviço de saúde nem o restante. Agora imagine o efeito dominó: depois do Amazonas, vários estados ou vários municípios entrando em colapso e, ao mesmo tempo, a população demandando a presença do Estado, como eu já disse, em saúde e assistência, demandando a garantia de poder sair de casa, demandando o básico do dia a dia. É um risco de anomia federativa que vivemos agora, porque a União se recusa a cumprir o seu papel de estar à frente da coordenação nacional. Tudo isso justifica a questão da segurança fiscal.

MONICA/ Sobre a questão da baixa arrecadação dos impostos dos estados e municípios, para que todos possam entender, isso é algo que, evidentemente, vem da pandemia, vem da parada súbita da economia, vem de todas as consequências que eu, Élida e outras pessoas temos discutido incessantemente. Mas o outro lado dessa história é a maneira como a crise chega e afeta as empresas. E no momento em que as empresas de um determinado estado ou município deixam de ter acesso a crédito, sofrem um estrangulamento, e um dos principais expedientes utilizados é deixar de pagar imposto.

Uma parte da coleta de impostos é justamente o que vai para os municípios e para os estados, de modo que o que está acontecendo hoje, em termos da queda de arrecadação, tem essas duas fontes. Há o impacto imediato da crise, da redução da atividade econômica, mas há também a questão de empresas e outros entes econômicos deixarem de pagar impostos, porque essa é a única maneira que eles têm de se preservarem financeiramente, de forma mínima.

E aí se gera essa situação meio catastrófica sobre a qual você falava, da incapacidade de pagar salários de servidores que se dedicam a serviços essenciais — segurança, coleta de lixo, até mesmo qualquer tipo de manutenção da rede de serviços públicos, como eletricidade e luz nas ruas, enfim, tudo o que pensamos nesse âmbito de serviços públicos. E essas são coisas que estão no nosso radar de imediato. Logo teremos estados e, principalmente, municípios sem capacidade de fazer esses pagamentos porque não estão recebendo a assistência que precisariam receber da União, certo?

ÉLIDA/ Sim, e essa questão é interessante porque gera um círculo vicioso. Quem hoje ainda mantém a demanda em larga escala da própria indústria e do setor de serviços é o poder público municipal e estadual, que está enfrentando a pandemia. Quem está comprando, efetivamente, na linha de frente, os Equipamentos de Proteção Individual, os EPIs? Quem está, bem ou mal, absorvendo a demanda sanitária e executando a despesa no SUS? São os estados e municípios.

Até o fim de abril a União só pagou, no âmbito dos repasses dos fundos para os estados e municípios, R$ 5,3 bilhões, o que significa 2% do saldo projetado de ação governamental. Esse é um dado do artigo que escrevi com José Roberto Afonso e que foi publicado no jornal digital *Poder 360*. O SUS só recebeu, em meio a uma pandemia inédita neste século, 2% do montante total. A maior parte do que o governo federal gastou efetivamente foi, por exemplo, para sustentar o emprego, para garantir o emprego nas empresas, mas também para a renda básica emergencial, o que é importante. Mas, veja, o SUS, que é o núcleo da crise, recebeu só R$ 5,3 bilhões.

MONICA/ Isso é um absurdo. Como você, tenho falado que existem dois eixos fundamentais de ação estatal nesta crise: o primeiro, de ordem prioritária, é a saúde; o segundo, que anda mais ou menos junto, é o de dar sustento à população vulnerável, dar a essa população a capacidade de se manter enquanto a quarentena e as medidas sanitárias forem mais rígidas, o que é o caso em determinadas localidades, a despeito da política do governo federal. O SUS é fundamental. A partir do "Decreto de Calamidade", o Decreto Legislativo nº 6, de 20 de março de 2020, que reconheceu o estado de calamidade pública decorrente da Covid-19, tivemos a possibilidade de abrir créditos extraordinários e utilizar esses recursos para que sejam passados aos estados e municípios. E vou insistir no número que a Élida trouxe: R$ 5 bilhões para o SUS. Cinco bilhões não é nada quando estamos pensando na capacitação do sistema de saúde.

Não é à toa que, mesmo nos centros urbanos, que são mais bem guarnecidos em termos de recursos de saúde pública — estou falando das cidades de São Paulo e do Rio de Janeiro —, já estávamos vendo, no fim de abril, os sistemas de saúde começarem a dar sinais de sobrecarga. Isso já estava acontecendo em um momento em que estávamos na fase ascendente da curva epidemiológica no Brasil — e sabemos que a subnotificação era e continua sendo enorme. Os números nem sequer refletem o que de fato está acontecendo. Ou seja, havia sinais de sobrecarga em duas das maiores cidades do país quando não havíamos sequer chegado à fase mais crítica da epidemia, o que torna mais presente o risco de colapso. Nesse ínterim, o Ministério da Saúde está sentando em cima dos recursos.

ÉLIDA / E veja a descontinuidade no comando do próprio Ministério da Saúde. O ministro, naquele momento era Nelson Teich, levou mais de dez dias para chamar os secretários estaduais e municipais de Saúde para dialogar. Quem executa efetivamente na ponta as despesas em saúde na nossa Federação são os estados e municípios. É um governo federal que parece pouco afeito à necessidade de coordenação e diálogo. E há uma guerra fiscal de despesa instalada. É como se a União efetivamente quisesse colocar o custo político apenas no colo dos estados e municípios.

Enquanto você falava, vinha-me também à cabeça outro serviço essencial que corre o risco de colapsar: o serviço funerário. Se não estruturarmos um planejamento consistente em todas as frentes, vamos para um cenário cada vez mais sério, de falta de respostas por parte do Estado, que seria o responsável por dar essas respostas, segundo o direito nacional. Eu digo Estado no sentido amplo.

E para acrescentar um dado interessante em relação à própria dimensão da educação: neste momento, o que acontece no SUS tem acontecido no Fundeb, o Fundo de Desenvolvimento da Educação Básica. O governo federal tem travado o debate da renovação do Fundeb desde o ano passado e o fundo finda em 31 de dezembro deste ano. Sem o Fundeb, colocamos em risco 50 milhões de estudantes. Uma rede que atende a 50 milhões de estudantes.* É como se o país apostasse no caos, na descontinuidade das transferências federativas para depois gerir as pactuações na forma de mendicância política.

MONICA/ É pernicioso e coloca a população toda em risco. Basta pensarmos nas crianças que dependem da merenda escolar para somar uma refeição diária, nos professores da rede pública, que podem ver seus salários diminuídos —porque há também essa discussão salarial—, na falta de capacidade de fornecer educação remota nas escolas públicas. Porque vamos lembrar que não se trata apenas de as crianças não terem computador em casa: às vezes as crianças não têm internet em casa, nem condições mínimas de estudo, em função de espaço, condições da habitação e dinâmicas familiares. Então, ainda que fosse possível fornecer a essas crianças um computador ou uma maneira de ter acesso on-line para aulas remotas, não há internet, entre outros recursos. Trata-se de um momento em que toda essa falência, na saúde, na capacitação financeira dos estados e municípios, na educação, tudo isso se torna visível e o risco de colapso está posto.

E, como você falava, podemos interpretar essa letargia da União a partir de duas hipóteses: a da leniência

---

*No dia 21 de julho de 2020 a pec do novo Fundeb foi aprovada em 2º turno na Câmara com aumento da verba federal.

e outra, que talvez seja a mais realista, que é a de que o governo até agora não entendeu a dimensão da crise, ou seja, age lentamente porque não está entendendo a gravidade da situação. Essa segunda hipótese é uma maneira condescendente de ver as coisas. A ação lenta por incompreensão da situação continua sendo uma irresponsabilidade por parte do governo, mas é uma maneira de dar a ele o benefício da dúvida.

Outra forma de olhar a situação é essa que você colocou — a de que se trata de uma estratégia para capturar estados e municípios. Se é isso o que de fato está ocorrendo, trata-se de uma postura politicamente predatória e contrária à cidadania. É uma atuação intencional da União de não repassar os recursos para a área da saúde, continuar com a suspensão do Fundeb, não auxiliar a educação, não permitir que os serviços básicos e tudo o mais sejam fornecidos à população, para criar condições mais favoráveis a ela, à União, nessa negociação política, tendo como quadro geral, ainda por cima, as eleições municipais, a princípio marcadas para outubro deste ano.

ÉLIDA/ Você tem toda a razão. E enquanto você comentava sobre a falta de acesso à internet, eu pensava que o problema é ainda mais sério, Monica. O Brasil ainda não cumpriu desafios civilizatórios mínimos em termos de saneamento básico, ainda não conseguiu falar em universalização de acesso a água tratada e a tratamento de esgoto. Várias escolas não possuem sequer água tratada e esgoto. Então, quando você pergunta sobre a opção, não é bom relativizar a Constituição de 1988. São 32 anos. Em 32 anos de vigência, os pilares de proteção dos direitos fundamentais nela inscritos sempre contemplaram duas grandes dimensões.

A primeira delas é um arranjo federativo – temos o SUS na assistência social; o Fundeb na educação; e aí era para termos também o Sistema Nacional de Educação. A segunda dimensão está relacionada a esta: nós, no direito, tentávamos proteger o arranjo federativo e, em paralelo, criar uma garantia de financiamento estável – na medida do possível – e fiscalmente progressivo. Portanto, havia alguma relação de progressividade atrelada ao comportamento da arrecadação estatal. Veja, na saúde, na educação, na assistência, nessas grandes políticas públicas, tínhamos algum arcabouço protetivo. Eu digo assistência porque a assistência estava também dentro do orçamento da seguridade social, ainda que não tenha piso, como saúde e educação.

Só que nesses 32 anos, tecnicamente, os vários governos que se sucederam – na verdade parece uma estratégia forjada ao longo do tempo – tentaram esvaziar essas proteções do financiamento dos direitos fundamentais, sempre a título de flexibilização para promoção da agenda econômica dos governos de ocasião. Tivemos a Desvinculação de Receitas da União (DRU), que desvinculou receitas durante oito emendas sucessivas; a CPMF, que era para a saúde e não foi para a saúde; a educação, que fica nessa mendicância com o Fundeb até hoje. Sabe qual é o piso do magistério? Para você ter uma dimensão de quão mesquinha é a valorização do professor na educação básica no Brasil, o piso para quarenta horas semanais no magistério no Brasil, hoje, é de R$ 2.800. Você acha, sinceramente, que vamos ter uma educação de qualidade pagando R$ 2.800 por mês para quarenta horas semanais?

MONICA/ Só para dimensionar, isso não chega a três salários mínimos. Três salários mínimos correspondem a R$ 3.140.

ÉLIDA/ E esse tipo de pauta não é prioridade. O Brasil não quer um ensino que emancipe, que dê compreensão de mundo para as nossas crianças e os nossos jovens. O nosso país ainda tem a maioria da população adulta sem ter concluído o ensino médio. E, voltando para o debate da saúde, se não fizermos essa reconstrução histórica do subfinanciamento do SUS, não conseguiremos entender o que está acontecendo agora. Não se trata de má vontade por ignorância; a própria trajetória histórica de desfinanciamento do SUS evidencia uma escolha. A União retrai sua participação no custeio do SUS há muitos anos, por meio de várias manobras contábeis. Eu me lembro que quando o governo federal pretendeu abrir planos de saúde acessíveis, eu brincava, dizendo: "Daqui a pouco, só falta eles abrirem uma linha de crédito subsidiado como se fosse um Fies do SUS para os planos acessíveis." E em nossa pior hora é o nosso sistema universal de saúde que está dando respostas. Os planos de saúde não estão dando respostas.

MONICA/ Sim, porque só o nosso sistema universal pode fazer isso. Aliás, essa é uma grande riqueza do Brasil. Chile à parte, isso faz do Brasil um país meio especial. Países de baixa renda não têm essa capacidade, mas, entre os nossos pares, os países de renda média, nós somos dos pouquíssimos que dispõem dessa riqueza imensa, um sistema universal de saúde, que estamos vendo ser fundamental na hora de uma pandemia. Só um sistema universal de saúde pode dar conta de uma pandemia. E vimos sucateando esse sistema há muito tempo, como você dizia. Podemos voltar a todos esses temas, mas gostaria de fazer uma breve mudança de eixo, que ainda toca, no entanto, diretamente no tema do SUS: o teto de gastos. Em que medida, em sua opinião, o teto de gastos aumentou esse problema de subfinanciamento do SUS, se é que aumentou?

ÉLIDA/ Em 2016, é aprovada a Emenda nº 95, que é a emenda do teto de gastos. Àquela altura, quem a lia do ponto de vista normativo, já entendia que se tratava de uma forma de ajuste fiscal injusta. Porque, na verdade, era um ajuste fiscal incidente exclusivamente sobre despesas primárias. E, naquele momento, já tínhamos clareza de que precisávamos rever as renúncias de receitas, precisávamos rever a regressividade tributária e também ter alguma baliza de controle das despesas financeiras. Se era para falar em ajuste, que houvesse ajuste no orçamento público por inteiro.

Veja, eu integro o Ministério Público de Contas do Estado de São Paulo, analiso cotidianamente a execução orçamentária dos municípios contrastando com o Estado e também com a União, obviamente a União mais no sentido de tentar ver as relações federativas. Conter apenas despesas primárias é literalmente estabelecer uma redução do financiamento dos direitos fundamentais. Temos uma tendência, no médio prazo, de levar o patamar do gasto social brasileiro ao nível do da África Subsaariana. Neste momento, a União precisaria entrar com mais custeio, mas, pela própria ideia da Emenda nº 95, em tese, ela não pode. Só será possível gastar acima do teto este ano por causa da questão do crédito extraordinário. Em 2021, o teto não vigorará. Ou ele não dará conta da pressão que a pandemia vai impor.

Eu tenho dito, inclusive, que o marco temporal para o teto mostrar a sua insuficiência em face da pandemia é o envio do Projeto de Lei de Orçamento em 31 de agosto pelo Executivo. Ele foi concebido de forma iníqua e datado para não funcionar. Não conseguirá viger no prazo que ele mesmo dispôs. Para fechar o raciocínio, incomoda-me o tabu sustentado por alguns economistas de que o teto não pode ser revisto. Isso, juridicamente, é falso, porque o teto de gastos já foi revisto.

MONICA / Élida, esse ponto é fundamental. Em uma conversa pública que tive com [a economista] Laura Carvalho, tocamos neste ponto especificamente: a necessidade de flexibilizar o teto e os tabus que são erigidos com a participação de economistas. Na ocasião, falamos também sobre a história que circulou pelos jornais de a equipe econômica aparentemente ter dito que renunciaria, caso se mexesse no teto de gastos — o que é de uma falta de responsabilidade suprema neste momento. Relembro essa conversa porque ela reforça seu argumento de que existe, de fato, um tabu em relação ao teto, a despeito do fato de ele já ter sido flexibilizado. Do ponto de vista jurídico, o que isso significa, como se dá?

ÉLIDA / Não sei se todos lembram, mas no ano passado houve um megaleilão de cessão onerosa do pré-sal. Esse megaleilão levantou um volume de recursos que não ficou apenas na mão da União. Então, para repassar esses recursos aos estados e municípios, a União teve que alterar a Constituição, especificamente o teto de gastos. Foi uma alteração feita pela Emenda Constitucional nº 102, de final de setembro de 2019, que alterou o artigo 107, parágrafo 6º da Constituição, introduzindo nela o inciso V. Eu faço questão de citar as regras para que fique muito claro que quem diz que não se pode alterar o teto manipula a verdade, esvazia a ideia de que o Congresso pode, a qualquer tempo, alterar a Constituição, desde que o objeto de alteração não seja cláusula pétrea. O teto não é cláusula pétrea. A forma como o teto foi redigido não configura cláusula pétrea. Não há essa restrição à alteração, ao aprimoramento de nada que diga respeito ao novo regime fiscal.

Já houve a exceção aberta para o repasse da cessão onerosa do pré-sal em setembro de 2019, o que também é perfeitamente cabível agora. Digo mais: tecnicamente, em direito, a situação de calamidade pública dura até 31 de dezembro deste ano, o que eu acho, francamente, insuficiente. Tivesse o governo previsto uma duração maior da calamidade, todas as vedações, inclusive em relação à Lei de Responsabilidade Fiscal, continuariam suspensas também no ano que vem.

E mais: se o governo federal quisesse realmente enfrentar de forma republicana esse debate, já teria feito a proposta quando demandou do Supremo Tribunal Federal, numa Ação Indireta de Inconstitucionalidade (ADI nº 6.357) relatada pelo ministro Alexandre de Moraes, que também fossem suspensas a ideia do teto e a restrição que impede o Banco Central de financiar as ações do Tesouro Nacional, prevista no artigo 164 da Constituição. Então, poderia haver, sim, financiamento monetário, e qualquer restrição que exista em relação ao teto já poderia ter sido suspensa nesse mesmo pacote da decisão do ministro Alexandre de Moraes. A PEC do Orçamento de Guerra não seria necessária se já existisse essa cautela de buscar uma interpretação íntegra, uma interpretação sistêmica do ordenamento à luz de um olhar abrangente para nossa realidade, não só sanitária, mas também social e econômica. O governo parece realmente querer que as coisas aconteçam isoladamente.

MONICA/ Para poder controlar, como você dizia. Só que foge muito rapidamente do controle.

ÉLIDA/ E dizer que a crise é curta quando, na verdade, ela vai durar mais tempo só vai fazer com que o saldo final das despesas seja mais oneroso. O governo vai acabar tendo que gastar mais para fazer frente a essa crise.

MONICA/ Não há como enfatizar o suficiente esse ponto. Vou repetir o que a Élida acabou de dizer: se esse "Decreto de Calamidade" tivesse sido concebido adequadamente, se o governo tivesse colocado nele todos os pontos necessários de uma forma sistêmica e, para além disso, tivesse reconhecido o que estava evidente para todo mundo — que esta não é uma crise passageira, que haverá uma fase aguda, mas, posteriormente, se entrará em uma fase crônica, prolongada —, se essa visão tivesse ganhado forma no "Decreto de Calamidade", provavelmente sairíamos desta crise com uma responsabilidade fiscal maior. Porque hoje as preocupações estão se voltando para a responsabilidade fiscal em vez de ficarem na segurança fiscal, que é onde deveriam estar. Mas o governo fez tudo na contramão. E agora, provavelmente, vamos acabar gastando mais por ele não ter tido a visão necessária.

ÉLIDA/ Esse aspecto que você abordou é relevante, Monica, porque eu vejo aí até mesmo um maniqueísmo falso. Explico: nós mesmos, em alguma medida, nos órgãos de controle, alguns colegas no âmbito do Ministério Público, mesmo no âmbito dos tribunais de contas, precisamos, sim, ter racionalidade no gasto. É claro que temos que atuar para que o gasto chegue aonde é necessário, para evitar, por exemplo, despesas com propaganda acima do razoável. Aqui em São Paulo, a prefeitura queria contratar shows. O Rio de Janeiro tentou decretar sigilo de R$ 1 bilhão. Então, nem tanto ao céu, nem tanto ao mar. O fato de não haver restrição fiscal não significa que se possam fazer gastos equivocados, sair por aí dando revisão geral para carreiras. Este é um momento de muita parcimônia, de entregarmos a despesa onde ela é essencial. Por isso a transparência é fundamental.

Só que, no meio do caminho, enquanto uns querem transparência, controle e legitimidade do gasto, o Ministério da Economia se aproveita dessas brechas, dessas controvérsias, de uma certa forma, para dar um andamento muito lento à destinação de recursos e à adoção de medidas necessárias. E aí, de novo, prevalece uma tendência ideológica de que o Estado tem que continuar mínimo, de que, neste momento, a resposta talvez coubesse efetivamente aos planos de saúde.

Veja, a Agência Nacional de Saúde Suplementar liberou R$ 15 bilhões das reservas técnicas dos planos de saúde, que é mais do que o SUS já pagou no âmbito do Ministério da Saúde para os estados e municípios executarem. Olha a distorção! Os planos de saúde, que atendem um quarto da população brasileira, tiveram maior liberação de repasses financeiros nas suas reservas técnicas do que o SUS forneceu aos estados e municípios, que atuam na ponta. Ou seja, a forma da resposta foi bastante enviesada por uma visão do papel do Estado.

MONICA/ Vou trazer uma pergunta do *chat* feita por uma pessoa que acompanha as transmissões: "A manipulação da verdade em relação a essas mudanças que já ocorreram no teto configura ou não uma espécie de crime de responsabilidade?"

ÉLIDA/ Não, tecnicamente não chega a tanto, mas é uma questão de narrativa. Naquele momento, como era para repassar o dinheiro do pré-sal, não foi dito que o teto era imutável. Agora, porque tem a perspectiva de dar segurança à continuidade dos serviços essenciais, ignora-se o passado, oculta-se a verdade e manipula-se a opinião pública. É muito mais no sentido de manipulação da opinião pública do que propriamente de crime de responsabilidade, entendido como uma afronta às finanças públicas. Na verdade, o Parlamento pode alterar a Constituição a qualquer momento, desde que o objeto da alteração não seja cláusula pétrea. O teto de gastos não é cláusula pétrea. Pelo contrário, eu penso que, ao congelar os pisos de saúde e educação, o teto é inconstitucional, mesmo ao fazer um ajuste fiscal seletivo, só sobre despesas primárias. Eu já escrevi bastante sobre isso. A Emenda nº 95, para mim, em diversas passagens, e mesmo nessa opção de só fazer ajuste sobre despesa primária, é inconstitucional.

MONICA/ Em relação à questão do teto de gastos, no início de março, quando todo esse quadro de mudança de eixo do mundo ainda não parecia claro no Brasil—já estava ocorrendo em outras partes, mas o Brasil estava atrasado nessa percepção—, eu falei numa ocasião qualquer não só nas medidas de aumento de gastos, mas também na necessidade de flexibilização do teto, e fui muito criticada, fui até desqualificada por causa disso por economistas e alguns jornalistas. Alguns falaram que era uma ideia estapafúrdia. Esse tipo de pronta recusa mostra que há resistência a pôr em exame a possibilidade de se mexer no teto, de se recolocar o assunto em discussão em um contexto diferente daquele em que foi adotado. E vemos na retórica que sustenta essa posição a ideia de que se trata de algo intocável, desconhecendo-se o fato de que, como você disse, o teto de gastos não é cláusula pétrea. Ou seja, ele pode e deve ser modificado e flexibilizado quando as circunstâncias exigirem.

ÉLIDA/ Ele já foi.

MONICA/ E tem gente que não sabe disso. Fica a dúvida sobre se é uma questão de ingenuidade, desconhecimento, ou uma questão de dogmatismo e tabu. É algo sobre o qual não se pode falar, o debate é interditado quando se coloca o assunto em pauta. É logo dito que não se pode mexer no teto, quando, na verdade, isso já ocorreu. O interdito ao debate sobre o teto de gastos perturba muito a discussão do momento. Porque ele já não era adequado na forma como foi feito em 2016, naquele mundo de 2016. E agora que o mundo é outro, o eixo é outro, as discussões são outras e o que vem pela frente nem sabemos o que é, o teto está completamente inadequado à nossa realidade. E não faz o menor sentido que essa discussão não seja colocada. Não faz o menor sentido insistir que o teto é "imexível". É imensamente surpreendente que essa discussão seja travada assim. Surpreende-me como economista e imagino que você, como advogada, se surpreenda mais ainda.

ÉLIDA/ Eu trabalho com o ordenamento brasileiro, então, quando dizem que a Constituição não cabe no Orçamento, sempre devolvo a pergunta: "Peraí, o Orçamento só é legítimo à luz da Constituição?" É sério, precisamos devolver esse contraponto. Carga tributária e dívida não são fenômenos da natureza, não são uma forma sensível de uma verdade absoluta e inacessível. Elas são relacionadas com a Constituição, isto é, com o pacto histórico, contingente e de teor normativo que ela expressa. A dívida é para ser manejada quando couber. Temos que ter a capacidade de fazer esse debate de forma mais transparente. A gestão da dívida precisa também das balizas constitucionais. Quer dizer, o Banco Central libera R$ 1,2 trilhão em relação a crédito, ao volume de depósitos compulsórios, para segurar a liquidez do mercado financeiro. Isso repercute na dívida bruta do governo em geral, no mínimo de operações compromissadas, e tudo bem. É um fato aceito naturalmente.

Agora, o Ministério da Saúde só paga R$ 5 bilhões aos estados e municípios e é um cavalo de batalha. O Fundeb é um cavalo de batalha. De novo, o Orçamento só é legítimo à luz da Constituição. A dívida pública é um instrumento que precisa ser refletido à luz da Constituição. Há previsão na nossa Constituição de balizas mínimas para tentar coordenar as grandes políticas macroeconômicas: a política cambial, a política monetária, a política de crédito público. Por que o problema é só a política fiscal? Fica parecendo que o único problema do nosso país refere-se à execução de políticas sociais que garantam direitos fundamentais, quando, na verdade, não é esse o problema. Precisamos, como o [economista] José Roberto Afonso sempre fala, coordenar esse quartilho macroeconômico.

MONICA / É o entendimento fundamental que deveria estar na cabeça de todos os economistas, e é surpreendente que não esteja. Como você acabou de falar com relação à gestão de liquidez e às operações compromissadas — aquelas que visam controlar a liquidez do mercado por meio de contratos com compromisso de recompra ou com compromisso de revenda, por parte do Banco Central —, qualquer operação desse tipo que o Banco Central faça, qualquer coisa que venha da área monetária, tem uma implicação fiscal. E qualquer coisa que venha da área fiscal também tem implicação monetária. Então, há um entrelaçamento da política fiscal e da política monetária, algo que, às vezes, as pessoas preferem ignorar porque parece mais fácil, ou eu não sei muito bem o que se passa na cabeça delas.

Na graduação em economia, no primeiro curso de Macroeconomia, quando entramos na discussão de política fiscal e política monetária, fica muito claro que política fiscal e política monetária são os dois lados da mesma moeda. Não existe uma separação entre uma coisa e outra. No momento que começamos a colocar as discussões dessa forma para a opinião pública, fica a impressão de que na política fiscal nós somos extremamente irresponsáveis, mas somos ótimos em política monetária. Isso simplesmente não existe.

ÉLIDA/ Não. E, num momento como este, com projeção de deflação... Como já existe previsão de deflação, deveria haver redução da taxa Selic, porque isso também tem reflexos no lado fiscal, ajuda a ter capacidade de pensar essa sustentabilidade temporal da dívida. Eu não estou dizendo que devemos apenas fazer política monetária com esse viés, mas alguma coordenação deve haver. É inadmissível que não lembremos que, em alguma medida, a dívida pública corresponde ao estoque da riqueza privada.

Enquanto a taxa Selic for mantida acima do que deveria ser, há um custo para a capacidade de o Estado prover o resto dos serviços públicos. Existe um custo de oportunidade. Acabamos priorizando apenas e tão somente essa agenda, que beneficia quem tem liquidez, quem já tem alguma capacidade de poupança em detrimento da população mais vulnerável. O problema é só despesa primária? Não é. É o problema de pensar a sustentabilidade. O [economista] André Lara Resende tem feito um pouco esse debate.

MONICA/ Sim. O André já está tentando trazer esse debate para o Brasil há algum tempo. O problema é que ele foi acusado de ter virado heterodoxo. Aí começam a entrar todos esses rótulos. "Ah, heterodoxo." "Ah, mudou de opinião." "Ah, agora o André enlouqueceu, está falando uma porção de coisas que não têm nada a ver." "Ah, o André está trazendo uma discussão de países avançados para o Brasil. No Brasil não pode ter esse tipo de discussão." E agora estamos vendo que o Brasil vai enfrentar, pela primeira vez na sua história, um cenário completamente inédito, de deflação.

Somos acostumados com inflação, muitos de nós sobrevivemos a superinflações, temos lembranças de infância das superinflações e de como elas nos atingiram, e só. Nunca vivemos um cenário de deflação para saber como ela funciona, como vai afetar a vida prática das pessoas. E como isso afeta a maneira de fazer política fiscal e monetária. É curioso porque tudo isso que o André vem trazendo, não é de hoje, e que entrou no debate público brasileiro como uma discussão que não tem a ver com o Brasil, pois bem, essa discussão tem tudo a ver com o Brasil. Tem tudo a ver com o Brasil de hoje. Porque o Brasil de hoje não é o mesmo de vinte anos atrás, é um Brasil que vai entrar em um processo de depressão econômica.

Junto com uma depressão econômica, vai haver um processo deflacionário e temos que discutir isso, temos que falar sobre essas questões sem tabu, sem dogma, sem essas amarras que prendem as pessoas a uma espécie de mundo que não existe mais. Então, fico contente de você ter mencionado o André Lara Resende. Acho que ele tem sido muito feliz nas colocações que tem feito a esse respeito porque elas contribuem para entendermos o que estamos passando agora.

ÉLIDA/ Sobre rótulos... Dentro do sistema de controle externo e na área do direito existe uma prevalência de quem defende a responsabilidade fiscal, e eu sempre escrevo que esse é um falso dilema. Porque a responsabilidade fiscal não é um fim em si mesmo. Qual é a ideia de se tentar amparar o erário, o patrimônio público? É para que haja a maior capacidade possível de garantia dos direitos fundamentais, que são, como disse antes, não só direitos civis e políticos, mas também direitos econômicos, sociais e culturais. Então, dentro dessa relação de meios e fins, é muito importante que a sociedade perceba que a ideia de o Estado ter sustentabilidade intertemporal da dívida existe para que seja resguardada a efetivação dos direitos fundamentais, que é a razão de ser do Estado. A dívida tem que ser manejada no que couber, e este é um momento claro em que a dívida é o único grande instrumento de atuação.

Eu também já fui muito rotulada, até me sinto meio ornitorrinco, tenho formação jurídica, não econômica, mas adoro dialogar com as finanças públicas. E não cabe neste momento restrição interpretativa. Precisamos ter como nosso grande eixo a defesa da Constituição. O único partido que me sustenta é a defesa da Constituição. Precisamos fazer dela um legado civilizatório. Foi ela que nos trouxe o SUS, foi ela que nos trouxe a defesa de direitos sociais. E, veja, o momento atual me lembra um pouco a transição do século XIX para o século XX. A ideia do direito social, do direito do trabalhador, veio nessa transição. A ideia de proteção mínima, de amparo social. Foi lá na transição do século XIX para o século XX, e sobretudo nas primeiras décadas do século XX, que tivemos a Revolução Mexicana e a Constituição de Weimar, na Alemanha, que são marcos na história constitucional dos direitos sociais. Nesse momento, surgia a ideia de função social da propriedade. Quem quer que tivesse propriedade só poderia pretender que o Estado a protegesse se lhe desse alguma destinação razoável.

Esse debate de a política monetária ter uma blindagem argumentativa *a priori*, quando o Orçamento, na verdade, tem que ter a coordenação das quatro grandes políticas – a cambial, a creditícia, a monetária e a fiscal –, mostra bem que a Emenda nº 95 é insuficiente. É míope e iníqua. Por quê? Porque só foca a despesa primária, só olha para a política fiscal. Ela é reducionista e, por isso, tão injusta.

MONICA / Em relação aos reducionismos, você toca num ponto sobre o qual tenho insistido muito. A economia não pode ser pensada de forma reducionista. Porque economia não é redutível às suas partes. Não se trata de pequenas engrenagens separadas que vamos agrupando e aí montamos uma máquina que se chama economia. Ela não funciona dessa maneira. As diversas partes da economia não são separáveis. Portanto, não se pode separar a política fiscal da política monetária. Não se pode separar a política de crédito público da política fiscal ou da política monetária. Não se podem separar as políticas de proteção social da política fiscal. Não é possível separar nada disso. Tudo opera dentro de um conjunto, dentro de um sistema que, de certa forma, se auto-organiza, mas se auto-organiza em determinados eixos. E o nosso eixo fundamental é a Constituição.

Então, voltando ao que você dizia, o importante neste momento é ter uma Constituição. E as pessoas adoram criticar a Constituição e dizer essas frases que você repudia tanto quanto eu: "O Orçamento não cabe na Constituição" ou "A Constituição não cabe no Orçamento". São bobagens, frases de efeito. A Constituição brasileira foi uma enorme conquista, principalmente para um país como o nosso, com o grau de desigualdade que temos e que ignoramos de tempos em tempos. E agora esta pandemia, a crise econômica e tudo o que vem junto com ela, deixa muito claro que se trata de algo impossível de ignorar. Porque é nossa responsabilidade, dentro do marco constitucional, atender as pessoas vulneráveis. Atender essas pessoas que já estão passando e vão passar muita necessidade nesse tempo, cuja duração desconhecemos.

ÉLIDA/ Sua síntese é muito feliz. Não dá para pretender fragmentar a economia, nem o direito. Ou interpretamos sistemicamente tudo ou começamos a ter respostas absolutamente injustas e ineptas. Eu diria as duas coisas: injustas e ineptas. Agora, entregar para a população migalhas fiscais só faz agravar a economia. Só faz aumentar a própria insegurança diante do cenário de risco de contaminação e de centenas de milhares de mortes. Talvez precisemos neste momento resgatar a ideia de qual é a razão de ser do Estado. No limite, em meio a uma crise como esta, revisita-se o conceito do que é direito, do que é serviço público e de qual é a razão de ser do Estado. Nessa interface de economia e direito, talvez o grande debate seja esse. A que serve o Estado? A que se presta o Estado? O que são serviços públicos? Por que o mercado não é capaz de provê-los?

MONICA/ Sim, perfeito. Esta nossa conversa é rica porque o nosso olhar interdisciplinar, o seu pelo lado jurídico, o meu pelo lado econômico, é complementar. Acho importante sempre trazer isso para as pessoas. Na questão dos bens públicos e da provisão de bens públicos, da qual tenho falado recorrentemente, vemos com muita clareza, do lado estritamente econômico, o porquê dessa dicotomia que alguns tentam estabelecer entre mercado e Estado. Então volta a discussão do Estado mínimo: "O mercado deve ser soberano"; "O Estado deve prover só algumas coisas aqui e ali, mas não deve atuar em uma porção de outras áreas." Essa é uma discussão completamente equivocada, que está também em outro eixo — talvez em outro século que não o atual.

Volto ao que você dizia. Nós devemos fazer estas perguntas: "Para que queremos o Estado?"; "Qual é o papel do Estado?". É algo que precisamos definir e entender. Temos essa resposta na nossa Constituição. Há quem fique o tempo inteiro culpando a Constituição, dizendo que foi uma Constituição Social, feita em um momento complicado, na saída da ditadura, mas conseguimos por meio dela promover certa transformação num país que era ainda mais injusto antes. E falar apenas que ela tem muitos erros é ignorar todas essas dimensões e abrir espaço para discussões equivocadas, esses falsos debates.

ÉLIDA / E veja, Monica, a Constituição é, na verdade, a grande guardiã da nossa democracia. Por frágil que seja, a nossa democracia ainda acredita na ideia de inclusão de todos. Tratar desigualmente os desiguais na medida das suas desigualdades é um parâmetro de igualdade material. Então, não faz cinco anos que universalizamos o ensino médio. Por que ainda temos uma massa de analfabetismo funcional tão grande? Porque só em 2016 tornamos obrigatório o ensino médio.

MONICA / É parar para pensar nisto por um instante: só em 2016 se tornou obrigatório o ensino médio no Brasil; o ensino médio, que já era obrigatório há tempos em vários países, inclusive na América Latina.

ÉLIDA / É por isso que eu falava sobre questionarmos a razão de ser do Estado, sobre defendermos a Constituição e, a partir de ambos, fazermos a proteção da nossa democracia. Não existirá democracia real se não recolocarmos em debate a desigualdade brutal em que vivemos. O Orçamento brasileiro é um Orçamento opaco, com muitas castas que vão capturando a sua agenda distributiva. E, neste momento de pandemia, era para termos clareza do que é prioritário.

    Talvez a grande questão posta para a democracia brasileira seja a do que significa ordenação legítima de prioridades no orçamento público. Quem tem que ser acolhido primeiro pelo dinheiro que a sociedade investe no Estado? Se a própria dívida também é um mecanismo de ação estatal, a que se destina essa dívida? Como ela está sendo trafegada, controlada? Qual é a motivação dos atos? Como são as balizas? O Banco Central mesmo tem sido sujeito recentemente de alguns interessantes debates e artigos sobre o nível de transparência, ainda mais agora, que ele pretende uma autonomia ampla. Que autonomia é essa, se ele não é suficientemente transparente? Se não tem uma metodologia para seguir? Se fica distorcendo até o próprio regime de metas de inflação, entregando um resultado aquém do centro da meta a um custo social e a um custo fiscal alto? Está vendo? Todo esse debate sobre transparência, limites fiscais e prioridades orçamentárias é a alma da democracia substantiva. Democracia não é só votar de quatro em quatro anos. Democracia é poder decidir o caminho do dinheiro público e eleger o que é prioridade para o Estado agir.

MONICA/ Exatamente. E nesse ponto tão fundamental vemos como ficou tacanha a discussão em torno do teto de gastos. Porque, lá atrás, o pessoal não conseguia justificar o teto de gastos tal qual ele foi formulado. O argumento era: "O teto de gastos vai racionalizar o debate sobre as prioridades orçamentárias." E eu me lembro de ter escutado isso na época e de falar que quem dizia isso não sabia como se dá, de fato, a discussão orçamentária. Porque não é uma questão de impor: "Você só tem esse potinho para gastar. Agora vá lá e faça. Quais são as prioridades?" Não é assim. É uma questão muito maior, é uma questão sobre o papel do Estado, e volto a esse ponto. E não é com uma emenda constitucional rígida e mal desenhada que vamos resolver essa questão.

ÉLIDA/ Na verdade, é como eu falo com os colegas do Ministério Público: a origem da corrupção não é a licitação superfaturada, não é o contrato fraudulento. A origem da corrupção está na fragilidade do planejamento. Sociedade que não planeja aceita qualquer resultado. Quando vem o governo e esvazia as vinculações orçamentárias que amparam saúde e educação, quando vem o governo e se nega a fazer pactuações na Federação, ele quer, na verdade, ficar com migalhas orçamentárias para tentar ter capacidade, de forma até patrimonialista, de interferir no processo decisório no nível local. Então, frustrar o planejamento, frustrar as vinculações é uma ótima forma de capturar o processo decisório. Digo isso no sentido de que, se a sociedade planejasse e tivesse clareza do que almeja, não teríamos chegado a esse estágio.

Eu não sei se você se lembra de quando veio a população, em 2013, com aquelas plaquinhas: "Eu quero o padrão Fifa de qualidade para os hospitais"; "Padrão Fifa de qualidade para as escolas." Eu sempre digo para os meus alunos: "O que é 'padrão Fifa' senão um caderno de encargos? O que tem que ser feito? Em qual prazo? Quem se responsabiliza por entregar as metas?" A nossa administração pública é muito suscetível a essa manipulação do curto prazo eleitoral. Ninguém quer cumprir um planejamento porque o planejamento é republicano. O planejamento é impessoal. O planejamento vai tratar o partido A, B e C igualmente. O repasse do recurso tem que acontecer com uma tempestividade programada. Você tem que entregar aqueles bens e serviços. É claro que pode haver ajustes de rota. Mas, se eu não tenho um planejamento, o gestor pode fazer os redesenhos que quiser que a sociedade não vai saber fiscalizar.

13

O GOVERNO DEVE VENDER RESERVAS INTERNACIONAIS PARA FINANCIAR OS GASTOS COM A CRISE?

Em meados de abril, o ministro Paulo Guedes insistia em trazer à tona a ideia de usar as reservas internacionais do Brasil para financiar as medidas emergenciais que se impunham com o avanço da pandemia. Em suas falas, o uso das reservas internacionais do Brasil desponta recorrentemente como uma medida alternativa à emissão de dívida. Discordo veementemente do ministro da Economia e vou explicar por quê. Muitas pessoas não têm clareza sobre esse conceito, sobre o que são reservas e quais as implicações de uma possível venda delas neste momento de crise. Começarei então por aí.

Países acumulam reservas e elas são chamadas de reservas internacionais porque são formadas pelas transações comerciais e financeiras entre os países, ou seja, por meio dos balanços de pagamento dos países. Países acumulam ou desacumulam reservas internacionais em decorrência dessas transações, a depender da situação. O balanço de pagamentos de um país relaciona todas as suas transações com o resto do mundo: as de natureza comercial e vinculadas ao comércio internacional, a começar pela própria balança comercial; e as de natureza financeira, como empréstimos, investimento direto e outros tantos recursos que os países recebem ou enviam.

Quando os países recebem mais recursos externos do que usam no exterior, eles estão acumulando um fluxo que ganha o nome de "reservas internacionais". O Banco Central, responsável pela administração dessas reservas, aloca tais recursos que entram no país de diversas maneiras. Faz isso levando em conta que, tipicamente, as reservas internacionais devem estar disponíveis a qualquer momento para serem utilizadas em operações que o banco possa vir a ter que fazer.

Vou pensar a partir de uma ilustração. Quando há uma crise como a que ocorre agora no mundo e a moeda começa a se desvalorizar muito, é possível que o Banco Central tenha que entrar no mercado e atuar para conter a desvalorização. Seria uma ação inútil. Mas, às vezes, uma atuação como essa do Banco Central não passa pela desvalorização da moeda, e sim por sua volatilidade. Isso porque, em momentos de crise, a moeda tende a ficar muito volátil por acompanhar o fluxo dos mercados, e essa volatilidade cambial, como é chamada, traz alguns problemas. Por exemplo, empresas de importação ou exportação, que operam com comércio exterior, dependem do câmbio para traçar os seus fluxos de caixa e os seus balanços. Se há uma situação de extrema volatilidade cambial, suas operações obviamente são prejudicadas, e é papel do Banco Central intervir no mercado de câmbio para atenuar a volatilidade.

Como o Banco Central intervém? Comprando e vendendo reservas. No caso, se a volatilidade é grande, se a moeda está se desvalorizando muito ou oscilando, num movimento constante de desvalorização e valorização, o Banco Central atua comprando e vendendo reservas a fim de reduzir essa volatilidade. De modo geral, a volatilidade é uma situação mais perigosa para as empresas do que a desvalorização em si. Se a desvalorização for continuada, mas se soubermos qual a sua direção, é possível se proteger. Também para o Banco Central a volatilidade é mais complicada e pode exigir mais dele do que a contenção da desvalorização.

O Banco Central, em regra, precisa usar as reservas internacionais direta ou indiretamente, e, no Brasil, o uso indireto tem sido o mais habitual. Contudo, como elas precisam estar disponíveis para enfrentar períodos de vulnerabilidade e de extrema volatilidade, o Banco Central não pode mantê-las em ativos que têm rendimentos altos mas que não são facilmente convertidos em moeda. Não é razoável que o Banco Central tenha parte importante das suas reservas investidas em ativos que não podem ser de imediato convertidos em dólares, por exemplo, se o mercado está pedindo dólares.

As reservas internacionais têm que ser líquidas, precisam dar ao Banco Central a possibilidade de lançar mão delas a qualquer momento. Por isso são em geral mantidas em ativos denominados em dólar, em ouro e, possivelmente, em ativos de outros países ou de outras moedas que também são moedas de reserva internacional. O dólar é a principal delas, mas temos o euro, o iene e, até há pouco tempo, a libra, entre outras. Tipicamente, as reservas internacionais de um país vão estar alocadas em ativos denominados nessas moedas. Tendemos a falar das nossas reservas apenas em dólares porque é em dólares que boa parte delas, de fato, está denominada.

As reservas internacionais do Brasil
O Brasil tem hoje cerca de US$ 350 bilhões em reservas internacionais. Parte significativa desse volume foi construída durante a época áurea dos anos 2000, quando o preço das *commodities*, das matérias-primas, estava subindo. Então estávamos exportando muito em alto valor para o resto do mundo e recebendo esse fluxo de recursos de volta. Daí foi gerado um acúmulo de reservas ao longo dos anos e hoje dispomos desse vasto arsenal de reservas internacionais, que não tem contrapartida em nada — grande parte é de uso livre. Vamos distinguir, então, o que são reservas com contrapartida de reservas sem contrapartida. Reservas que têm contrapartida são aquelas originadas de algum empréstimo. Se o país toma um empréstimo de alguém no exterior, os recursos entram como reserva, porém existe uma contraparte porque, em algum momento futuro, o governo terá que pagar o empréstimo. As reservas que temos são, em grande medida, reservas livres, o que nos dá, em tese, maior capacidade de atuação. Reservas livres são aquelas acumuladas, sobretudo por meio de superávits recorrentes na balança comercial, como vimos entre 2003 e 2010.

A questão em relação às reservas é: que tipo de atuação se justifica para o seu uso? O Fundo Monetário Internacional tem uma imensa planilha, com uma metodologia muito bem descrita, a partir da qual calcula o nível de reservas adequado. O que acontece com as reservas internacionais? Como o objetivo é poder usá-las, é necessário, como já disse, mantê-las em ativos muito líquidos, mas isso implica o que chamamos de *trade-off*. Se o país mantém boa parte das suas reservas em ativos líquidos, o rendimento das suas reservas é menor do que se pudesse aplicá-las em ativos menos líquidos e, portanto, de maior risco, mas com possibilidade de obter um rendimento superior. Há também um custo de carregamento dessas reservas. Em síntese: de um lado, as reservas têm um benefício; de outro, têm um custo. Então, se fizéssemos um cálculo puramente de custo-benefício, chegaríamos a um nível adequado de reservas acima do qual poderíamos dizer o seguinte: se tivermos mais reservas do que aquele nível que contrabalança o benefício e o custo, estas seriam reservas excedentes que, em tese, poderíamos usar para outros fins. Essa metodologia do FMI estabelece como calcular esse nível adequado de reservas acima do qual teríamos um excedente.

No caso do Brasil, a conta feita pelo FMI é bastante conservadora. É possível que o espaço seja maior, pois alguns parâmetros podem ser modificados na metodologia para tornar o cálculo um pouco menos conservador, e, portanto, abrir mais espaço no excedente. Mas, de acordo com o cálculo tal qual feito hoje pelo Fundo, o Brasil tem algo entre US$ 120 bilhões e US$ 140 bilhões excedentes. Ou seja, temos cerca de US$ 350 bilhões em reserva, dos quais existe um excedente entre US$ 120 bilhões e US$ 140 bilhões, que são os recursos que poderíamos utilizar de alguma forma.

No passado, e por "passado" quero me referir ao mundo que existia antes da crise atual, cheguei a defender o uso das reservas para abater a dívida, conforme discuti em artigo no caderno Ilustríssima da *Folha de S.Paulo*. Como a dívida brasileira é alta e tínhamos alguns problemas com a nossa razão dívida/PIB muito alta e crescente, diversos economistas, entre os quais me incluo, defendíamos a ideia de usar uma parte desse excedente de US$ 120 bilhões a US$ 140 bilhões para abater a dívida e criar maior espaço fiscal, a fim de que o governo federal pudesse tomar algumas medidas de estímulo para a economia. Na época, a economia estava estagnada e dava sinais de recuperação muito lenta. Isso era o antes da crise causada pela pandemia.

Agora temos a crise. Portanto, surge a questão: será que é o momento de usar uma parte das nossas reservas internacionais para financiar o esforço emergencial que terá de ser feito para combater a pandemia? Considero esta uma péssima ideia, uma ideia que vai na contramão de qualquer boa prática internacional. Porque, neste momento, nenhum país está sendo penalizado por adotar medidas de estímulo fiscal. Muito pelo contrário. Os países estão implementando medidas de estímulo específicas para a sustentação do sistema de saúde, da população vulnerável (oferecendo, por exemplo, algum tipo de renda básica), das empresas e até do sistema financeiro, para que ele possa sustentar as empresas. Esse rol de medidas tem sido defendido por economistas de diversas filiações institucionais e intelectuais e adotado pelos Estados sem que ninguém seja penalizado. Todo mundo sabe que é isso que é preciso fazer. Na verdade, os países que estão fazendo menos são aqueles que suscitam maior preocupação, de modo geral.

É preferível aumentar a dívida em 4 ou 5 pontos percentuais do PIB a usar reservas internacionais. Para usar as reservas — lembre-se de que elas estão denominadas em dólar, e esse é só um dos problemas —, é necessário convertê-las em reais. Converter esse montante em reais significa colocar pressão sobre o mercado de câmbio. Então, a taxa de câmbio, ou o dólar, como se chama no Brasil, que já está em alta, ficaria mais em alta ainda. E pressionar o mercado de câmbio talvez não seja recomendável quando o mundo está turbulento. Também é possível não converter, num primeiro momento, as reservas de dólar para real. As reservas, ou uma parcela delas, podem ser usadas como uma espécie de garantia colateral para uma linha de crédito. Essa é outra maneira de usá-las, como respaldo para o investimento público ou para linhas de crédito específicas, digamos, para a infraestrutura.

Nas minhas conversas com pessoas do FMI, do Banco Mundial e de outros organismos multilaterais em Washington, percebo que a grande preocupação não é que os países estejam fazendo demais, e sim que estejam fazendo de menos. Isso se aplica em particular ao Brasil, que fez pouco e continua fazendo pouco, embora todas as previsões de PIB estejam ficando cada vez piores, como estamos observando. No fim de março, enquanto eu projetava uma queda entre 6% e 5% do PIB para 2020, ainda havia quem acreditasse que o PIB ficaria estável ou cresceria. Poucas semanas depois, comecei a entender que a situação poderia se tornar ainda mais dramática.

Algumas semanas nesta crise é uma eternidade. A natureza do tempo em períodos de crise é elástica. Em momentos tão intensos como este, o tempo se comprime de tal maneira que parece que vivemos dias em horas, semanas em dias, meses em semanas. O tempo se torna espesso. Nesse intervalo de semanas em que comecei a falar sobre uma queda expressiva do PIB este ano, o governo fez muito pouco, o que significa que a chance de a queda do PIB ser maior aumentou. Hoje, o FMI e eu convergimos para uma queda de 9% do PIB, quiçá chegando a dois dígitos.

Tudo isso é para dizer que a hora é de gastar e de emitir mais dívida para gastar. Não é para se ter pudor quanto a isso. Ter pudores agora é não enxergar a natureza da situação. Num momento em que o mundo e o ambiente internacional dão condições de emitirmos dívida, em vez de gastarmos as reservas internacionais, tem mais sentido emitir dívida. Depois, quando for necessário resolver o problema da dívida mais elevada—que não será só nosso—, então se poderá pensar na ideia original de talvez usar o excedente das reservas internacionais, se ele ainda estiver no mesmo montante. Contudo, será preciso ver, obviamente, se no meio do caminho não vamos perder reservas.

Os nossos problemas podem ser todos resolvidos em moeda local, em real, nada precisa ser resolvido em dólar. Precisamente por esse motivo deveríamos guardar as nossas reservas para que no futuro, quando houver uma saída para esta crise, quando a questão fiscal e do ajuste que terá que ser feito se apresentar, tenhamos um instrumento—as reservas internacionais, em particular, o excedente das reservas internacionais—para propor o abatimento da dívida. Isso nos ajudará muito porque nos permitirá fazer um abatimento da dívida sem ter que, de imediato, lançar mão de medidas de austeridade fiscal.

Aqui temos outro problema fundamental decorrente desta crise específica e do tipo de recuperação que veremos adiante. A recuperação desta crise não será uma recuperação normal, em que a economia voltará a crescer, mesmo que muito lentamente. Não, a recuperação desta crise, pelo menos até que se tenha vacina e tratamento eficaz, envolverá idas e vindas, avanços e recuos, como vimos no Capítulo 10. O simples fato de estarmos o tempo inteiro engatando e retirando significa que a volatilidade econômica vai ser grande e a recuperação não será linear, será extremamente volátil. Será uma recuperação de natureza muito diferente do que já se viu no passado. E até mesmo por essa razão não é possível pensar em fazer ajuste fiscal nenhum com a crise em curso.

Os altos e baixos da recuperação nos obrigarão a postergar uma parte do ajuste fiscal; caso contrário, prejudicaremos a própria recuperação, já bastante irregular, o que será uma característica da saída desta crise. É como vejo agora, pensando e tentando imaginar o que pode vir pela frente, dada a questão da quarentena intermitente. Nesse contexto, é ótimo guardar as reservas para usar depois porque isso nos dá a possibilidade de um ajuste da dívida/PIB sem ter que começar a implementar medida de arrocho de imediato, medidas de ajuste que iriam, inevitavelmente, acabar prejudicando a economia. Esse é o argumento, e esse é o ponto.

Quer dizer, pensar em usar reservas agora para custear gastos é, na minha opinião, uma falta de visão sobre as necessidades futuras do país. Para pensar assim é preciso ser muito míope e estar olhando só para o que está à frente, sem nenhuma capacidade de antever o que pode vir em seguida. Qualquer pessoa responsável pela gestão econômica de um país precisa estar com o olhar, no mínimo, em dois lugares: no presente e num futuro variável, para o qual imagina cenários possíveis e desenha o que fazer em todos eles.

14

A CRISE E A REFORMULAÇÃO DA POLÍTICA MACROECONÔMICA

Quando a crise econômica decorrente da pandemia começou a se tornar realidade, vínhamos de um período turbulento em que assistimos a um aumento da desigualdade no mundo e, com ele, os imensos desafios e tensões postos aos sistemas políticos. Cientistas políticos têm analisado com parcimônia a dinâmica entre esse e outros fatores para esclarecer como chegamos a configurações em que a polarização se tornou radical, com a transformação de antagonistas nas disputas políticas em inimigos a se moverem por alianças de guerra. Neste capítulo quero pensar a questão da desigualdade, presente no cotidiano como um tema no debate público, seja por conta de eleições, seja por protestos como os que eclodiram no Sudão, na América Latina e no Líbano em 2019, antes, portanto, da chegada da pandemia.

Uma forma de olhar a situação que se instaurou com a pandemia é considerar que ela reconfigura a crise e parece tornar imperativo reconhecer o quanto as economias são frágeis quando uma parcela expressiva da população se encontra em situação vulnerável. Não quero com isso negligenciar o esforço que as pessoas fazem para não ver o que se evidencia, nem a frequência com que elas tentam justificar posições conservadoras quando a ação é urgente, e sim chamar a atenção para a oportunidade que se abre à mudança e à conformação de novas sensibilidades.

É nesse sentido que entendo não ser coincidência que a resposta adotada de forma unânime e uniforme no mundo todo tenha sido a da criação de uma renda básica para assistir o que temos chamado de "população vulnerável". Uma transferência direta de renda foi feita nos Estados Unidos, no Reino Unido, em países da Europa e também no Brasil. Aqui, em particular, ela foi adotada de modo acidentado, ao custo de intensa campanha por parte de associações e movimentos civis e com o protagonismo do Poder Legislativo, que tem se mostrado mais responsivo a reivindicações da sociedade.

A questão da renda básica, abordada no Capítulo 4, mostra que o pós-crise sanitária, ou "pós-pandemia", deve passar por uma reordenação das políticas macroeconômicas. Em meu entender, essa reordenação vai se dar em torno das redes de proteção social, que compreende serviços públicos, como saúde, saneamento básico e educação e distintas modalidades de transferência de renda (no caso do Brasil podemos pensar, por exemplo, no Bolsa Família, o Benefício de Prestação Continuada, ou BPC, e o próprio "auxílio emergencial", que chamo de "renda básica emergencial").

Dito de outra forma, entendo que, passada a pandemia, haverá uma nova ordenação das políticas macroeconômicas no mundo e que essa nova ordem se articulará tendo em vista fortalecer as redes de proteção social. Ela não decorrerá, necessariamente, de uma mudança de valores compartilhados, podendo se dar porque choques como o que vemos são mais fortes e impactantes quanto mais pessoas há vivendo de forma precária. Nessa linha, o fortalecimento das redes de proteção social é um dos fatores que tem de se tornar um pilar estrutural das discussões a respeito do que precisaremos reconstruir no Brasil. Outro pilar dessa reordenação se relaciona ao próprio esforço de reconstrução, que terá de passar pela infraestrutura. É nesse campo que se colocam as questões ambientais relacionadas à infraestrutura, ou "infraestrutura verde".

Em artigo do final de 2019, publicado em um momento imediatamente anterior à pandemia, Nicholas Stern, economista e professor da London School of Economics, advertia que os economistas não estavam dando a devida atenção ao que já havia se transformado no maior desafio para o desenho das políticas públicas: o meio ambiente e o impacto econômico provocado pelas mudanças climáticas. Stern destacou a escassez de artigos sobre o tema nas principais revistas acadêmicas de economia, apesar da importância crescente do assunto no debate internacional e na mídia. Os desafios, entretanto, eram reais e visíveis. Bastava acompanhar o que estava acontecendo no Equador, após a decisão do governo de remover os subsídios aos combustíveis; ou ver quão empenhada estava a União Europeia em reduzir as emissões de carbono a zero até 2050; ou, ainda, ler o projeto de lei do Congresso dos Estados Unidos sobre a criação de um imposto sobre o carbono (House Resolution nº 763, de janeiro de 2019).

Remover subsídios aos combustíveis e tributar carbono são medidas com potencial político explosivo. Exemplos não faltam: a greve dos caminhoneiros no

Brasil em 2018, os protestos dos coletes amarelos, que sacudiram a França em 2019, e, mais recentemente, a turbulência social que forçou o governo do Equador a se deslocar de Quito para Guayaquil. O potencial de desestabilização política dessas medidas — cujos benefícios na forma de redução de emissão dos gases responsáveis pelo efeito estufa são evidentes — não significa, porém, que elas devam ser evitadas.

É preciso considerar, de partida, que a remoção de um subsídio sobre combustíveis fósseis ou a introdução de um imposto sobre o carbono têm efeito imediato maior sobre as faixas de renda mais baixas da população, e que essa regressividade está na raiz dos protestos e da turbulência política associados às medidas citadas. É possível encontrar formas de evitar ou conter tais efeitos, desde que se tenha a compreensão adequada dos desafios políticos e econômicos de sua adoção. Entre economistas, falta essa discussão, como bem ilustra o caso do Equador. Os subsídios foram removidos para ajustar as contas públicas do país, hoje em dificuldades financeiras e com um programa recém-negociado com o FMI.

Entretanto, dado o impacto redistributivo dessa medida, ela não pode ser usada simplesmente para melhorar as contas públicas. Para evitar o efeito negativo sobre a desigualdade, a remoção do subsídio precisaria ter sido acompanhada de um mecanismo compensatório, o que elevaria o gasto público. Se o ajuste das contas públicas é tomado como um meio para outro fim — por exemplo, a estabilidade e o vigor da democracia —, suas consequências tendem a ser antecipadas e levadas em consideração. Do contrário, se o ajuste é tomado como um fim em si mesmo, ele pode vir a ser perseguido de forma inconsequente.

A discussão se parece com a relativa à introdução de um imposto sobre as emissões de carbono. O projeto de lei do Congresso dos Estados Unidos prevê a criação de um fundo constituído das receitas obtidas com o tributo para compensar os mais afetados por ele. Trata-se, portanto, de um mecanismo para devolver à população o ônus do imposto mediante dividendos de carbono. Na União Europeia, onde vários países já adotaram o imposto, mecanismos semelhantes foram implementados. Ou seja, a introdução de um imposto sobre o carbono não pode ter por objetivo aumentar as receitas do governo: essa iniciativa tem de ser neutra do ponto de vista orçamentário, dada a necessidade de compensar os mais pobres pela regressividade do tributo.

Poucos macroeconomistas discutem esses temas, assim como são poucos os que discutem o papel da política fiscal, isto é, do gasto e do investimento público na redução das emissões de carbono. É igualmente raro encontrar artigos escritos por economistas sobre como desenhar políticas para o investimento em infraestrutura compatíveis com a redução das emissões de carbono. E essa ausência dos macroeconomistas em debate tão importante é surpreendente.

Afinal, as causas das mudanças climáticas estão diretamente associadas à atividade econômica, como estudos científicos apontam há décadas. Redesenhar as políticas públicas para reduzir emissões traz não apenas o benefício de atenuar os danos ao meio ambiente, como também a oportunidade de reestruturar economias. O Brasil goza de posição privilegiada para ser pioneiro nesse debate. Infelizmente, temos um governo que adota ora uma postura de profundo desinteresse por esses temas, ora uma postura confrontacional, que se reflete em suas políticas atuais.

O distanciamento de economistas, especialmente macroeconomistas, das agendas ambiental e social, no entanto, precisará ser revisto. Essa revisão passa por uma mudança de atitude em função de alguns fatores: o que a pandemia tornou evidente, a relação que alguns economistas precisam estabelecer com o que viram e o consequente deslocamento de temas antes marginais para o centro do debate público. Penso que a pandemia abre oportunidades que, se aproveitadas, podem resultar na criação de condições mais favoráveis a avanços na agenda ambiental, inclusive a climática, e ao multilateralismo. Isso porque a pandemia, como um problema social, toca na questão da saúde pública e na do meio ambiente, que requerem, ambas, uma reavaliação de valores e grande coordenação das ações em escala global para serem equacionadas.

Isolamento × Multilateralismo

Ao pensarmos no tipo de esforço que os países terão que fazer para superar o impacto apresentado pela crise atual, é preciso levar em conta o fato de que os países não conseguirão se reconstruir separadamente uns dos outros, assim como o mundo não conseguiu se reconstruir depois da Segunda Guerra Mundial de forma isolada.

As diferenças entre as situações são importantes, seja na economia—uma economia de guerra não se confunde com a economia da pandemia—, seja no tipo de crise humanitária que delas decorrem. O sentido da analogia reside no que ela revela da percepção compartilhada da pandemia como um fenômeno disruptivo, que abre no real uma fissura pela qual pode emergir um mundo diferente, com continuidades, mas também descontinuidades em relação ao que o precedeu.

A estrutura da economia internacional passou por mudanças significativas no pós-Segunda Guerra. Essas mudanças começaram a ser instituídas antes do fim do conflito, em 1944, com a criação do Banco Internacional para a Reconstrução e o Desenvolvimento, o Bird. Tinha início, então, uma plena reordenação das relações econômicas internacionais. No lugar de cada país operar por si, como acontecia na sociedade internacional pré-guerra, foram criadas instituições multilaterais para fortalecer a cooperação entre os países e a integração da economia, facilitar a coordenação da ação diante de desafios globais e elevar os custos de ações unilaterais na economia e em outras frentes. Supunha-se que, com relações econômicas contínuas e estreitas, os Estados tenderiam a buscar soluções concertadas em relações de outra índole, pois teriam muito a perder com ações disruptivas. Apesar do estigma que em várias partes recai sobre essas instituições, chamadas de instituições de Bretton Woods e atualmente compostas pelo Banco Mundial e o Fundo Monetário Internacional, nós convivemos bem com elas por décadas.

Uma reordenação abrangente a partir de esforços de reconstrução pode acontecer de novo desta vez? Acredito que sim, que a crise atual vai demandar um esforço desse tipo. Há inúmeros indícios de que esse caminho está sendo pavimentado, como se pode ver pelas políticas que estão sendo adotadas hoje e pela forma como o mundo está se coordenando para responder à pandemia. Mas, se vai acontecer ou não, isso depende, em grande medida, das lideranças mundiais.

No período do pós-Segunda Guerra, as grandes potências dispunham de lideranças que tinham a percepção de que estavam forjando uma nova ordem e tinham senso de responsabilidade, ainda que se mantivessem imperialistas, nacionalistas e, portanto, ambivalentes em questões como a colonial. Hoje, temos líderes em posições cruciais que parecem estar bastante aquém desse desafio. Não sabemos se se manterão assim, com uma postura de irresponsabilidade diante do mundo. Mas já não há dúvida de que a crise instaurada com a pandemia deverá adquirir proporções de guerra no sentido de ser capaz de provocar uma grande mudança social nos países e nas suas relações recíprocas.

Quanto ao desenho de saída desta crise, ele não deve se dar nos moldes tradicionais da política macroeconômica. Em crises econômicas normais, temos a crise, a resposta à crise e a saída da crise. A saída da crise, a depender dos problemas do país que a enfrenta, tende à linearidade. Ela pode demorar muito tempo, pode ser lenta, como temos visto no Brasil nos últimos anos, mas segue um curso mais ou menos previsível. No atual cenário, contudo, que não é de normalidade, a saída será não linear, porque passará por idas e vindas decorrentes das restrições da quarentena, das restrições sanitárias.

O ano de 2020 é um ano perdido para a economia brasileira, bem como para todos os demais países. Então, a questão mais importante é: o que vem depois? Outra década perdida? É uma pergunta ponderável. Para mim, para que não venha outra década perdida, é necessário que abandonemos as poltronas nas quais nos acomodamos e nos entregamos à preguiça de pensar e corramos o risco de pensar sem corrimão, ou seja, reconhecendo o novo e buscando saídas para os seus desafios com um pouco mais de ousadia e criatividade, conforme já tivemos em outros momentos, por exemplo, na criação do Plano Real.

Estamos diante de um cenário de bifurcações e precisamos de criatividade para imaginar soluções. Falo de imaginação, de usar sensibilidade frente aos dados do mundo e conhecimento para produzir algo útil, não de fantasia. E a distinção é importante porque considero uma fantasia a de que haverá um retorno ao que muitos se referem como uma "normalidade perdida" com a pandemia. Mais concretamente, qualquer solução que consista num caminho que já foi testado e falhou, como o da prioridade de acertar as contas públicas, voltando à solvência estrutural em detrimento de questões que se impõem com maior premência, pode gerar problemas. Agora, se avançarmos para um lado diferente e pensarmos que temos uma oportunidade única de encarar os maiores problemas do mundo contemporâneo, grandes eixos do debate devem estar presentes: o da saúde, o da proteção social e o do meio ambiente.

Todos esses eixos também nos convidam a pensar que, se a autonomia deve ser um objetivo em nossa vida individual, a nossa condição no mundo é a da inter-relação e, portanto, a da interdependência. Como repensamos as nossas políticas macroeconômicas para dar conta desses três eixos que se entrelaçam, que conversam entre si e que apontam para essa condição pelo simples fato de nenhum dos três conjuntos de problemas poder ser equacionado isoladamente? Como faremos para desenvolver um tipo de programa de investimentos públicos que resolva ou que se mostre capaz de resolver algumas das questões que temos, por exemplo, na área de saneamento, as quais e que tocam diretamente as questões ambientais?

Nunca é demais enfatizar o quanto é fundamental que as respostas de políticas macroeconômicas à crise sejam adequadas ao cenário de não linearidade que nos aguarda. Precisamos pensar com a cabeça no presente. As circunstâncias são outras e não há ponto no passado para o qual possamos olhar e dizer: "Está aqui um exemplo concreto, vamos usá-lo para pensar em como lidar com essa crise." Não pensar sempre é uma escolha, ainda que perigosa, mas pensar, neste momento, é reconhecer-se sem corrimão. Diante disso, temos que imaginar, considerando o arsenal de conhecimento econômico de que dispomos, como orientar o pensamento para que ele estabeleça com essa nova realidade uma relação profícua. Necessariamente, a política macroeconômica deve responder à realidade de cada momento.

15

O "NOVO NORMAL" – PARTE 1: BENS PÚBLICOS

A pandemia e a crise econômica a ela associada deixam em evidência como o pensamento econômico se separou das suas origens, que se situam na ética e na filosofia moral. No entanto, parece-me inescapável que o redesenho econômico no pós-pandemia passe pelo retorno a questões dessa ordem, presentes na formação dessa ciência. Simplesmente não é possível fazer de outro modo, uma vez que estamos lidando não apenas com relações interpessoais, mas também com a preservação da vida de pessoas. Relações econômicas são relações entre pessoas, e não há como falar de bens públicos sem levar em conta a dimensão moral e ética dessas relações.

Conto aqui uma história recente que torna tudo isso bastante evidente. Numa manhã do fim de abril, tive um embate com um economista que vinha, há tempos, argumentando que era preciso acabar com o isolamento social. Exatamente isto: segundo ele, não deve haver isolamento algum, é preciso deixar a pandemia seguir seu curso, o que é uma forma de dizer "quem morrer, morreu". Trata-se de uma pessoa com totais condições de se manter isolada e protegida dentro de casa. Assim, pensando do conforto de uma poltrona e sem olhar o mundo, é muito cômodo lançar esse tipo de proposta. Essa fala me chocou em vários níveis por partir de uma pessoa que tem conhecimento para avaliar melhor a situação e as próprias palavras. Mas também me tocou num nível pessoal.

Poucos dias antes, havia morrido um rapaz de 27 anos chamado Washington, vítima da Covid-19. Ele trabalhava em um clube próximo da casa da minha mãe, era uma pessoa que conhecíamos havia muito tempo e querida por todos nós, assim como o pai dele, que trabalhava no mesmo clube, e toda a sua família. Washington morava no Rio de Janeiro, na favela da Rocinha, que, naquele momento, já estava passando por uma situação difícil, com inúmeros casos da doença e sem testes disponíveis para os moradores. Ele ficou três semanas entubado numa UTI, em uma área de isolamento dentro do hospital à qual a família não teve acesso, e faleceu de síndrome respiratória aguda.

Ao ouvir esse economista falar sobre "deixar a epidemia rolar e quem tiver que morrer morre", contei-lhe a história do Washington e perguntei se ele teria o mesmo posicionamento se estivesse falando do próprio filho. Sei que nunca conseguimos nos colocar no lugar do outro propriamente, mas minha pergunta era um convite a que ele incorporasse à sua perspectiva uma outra, que ele ao menos imaginasse o jovem morto como sendo um de seus familiares. Ele respondeu me chamando de histérica. Encerrei a conversa ali porque, além do machismo que esse tipo de resposta revela, não há nada a argumentar quando se chama de histeria uma interpelação sobre o valor e as condições da vida alheia. Esse tipo de visão ilustra a trágica separação que hoje existe entre a percepção que os economistas têm da economia e da moral. Na discussão sobre bens públicos, essa separação é importante, porque não há como falar de bens públicos sem levar em conta a dimensão moral e ética das relações.

Para esclarecer o que são bens públicos, começo por afirmar que eles não têm necessariamente a ver com o setor público da máquina estatal, embora alguns só possam ser oferecidos pelo Estado devido à sua natureza. Essa confusão inicial, de que bens públicos estão necessariamente ligados ao Estado, decorre da forma como pensamos o público. Para entender "bens públicos" pense em "público" como aquilo que é de todos, e não como algo que necessariamente diga respeito ao governo. Nós, economistas, classificamos tais bens conforme a tabela a seguir (*ver Imagem 19*):

	EXCLUDENTES	NÃO-EXCLUDENTES
RIVAIS	COMIDA (PRIVADOS)	MADEIRA, PEIXES → AMAZÔNIA (TRAGÉDIA DOS COMUNS)
NÃO-RIVAIS	TV A CABO (CLUBE)	MEIO AMBIENTE, SAÚDE, CONHECIMENTO, PROTEÇÃO SOCIAL (PÚBLICOS)

IMAGEM 19

Os bens públicos, que estão no quadrante da direita, são aqueles que definimos como não excludentes e não rivais. Para entender essa afirmação, é preciso saber o que não excludente e não rival significam. Minha proposta é, então, passearmos um pouco por algumas ideias relacionadas a bens, alguns conceitos, poderíamos dizer, para, enfim, chegarmos a uma conceituação de bens públicos.

Bem não excludente remete, primeiro, à ideia de bem excludente, que é um bem ou um serviço do qual determinados consumidores podem ser excluídos, por exemplo, por um sistema de preço. Se aquele bem ou serviço é monetizável, se se pode atrelar um valor a ele, pode-se, por meio do preço, excluir alguns consumidores. Essa é a natureza de um bem excludente. Já bem rival é aquele que pode ser consumido por uma pessoa de cada vez. Assim, qualquer bem privado é simultaneamente excludente e rival.

Por exemplo, um prato de feijão com arroz ou um prato feito, o famoso PF. Aquela comida que está lá diante de você é excludente. Foi vendida para você. Ela também pode ter sido vendida para outra pessoa, mas aquele prato específico de comida que está na sua frente foi vendido para você. Dessa forma, o seu prato de comida exclui outros consumidores, que podem estar consumindo pratos semelhantes, mas o seu é o seu. E, ao mesmo tempo, esse prato de comida é rival no sentido de que só você vai comer aquela comida, a não ser que você queira dividi-la com outra pessoa. Mas, a princípio, ela é sua, você compra, você consome. Isso é a definição de um bem puramente privado. Ele é excludente e rival, simultaneamente.

Há o que chamamos de bens que formam uma categoria de clube. É o caso de bens que são excludentes, pois é possível discriminar entre os consumidores que receberão aquele bem e os que não vão recebê-lo, mas que não são rivais. Ou seja, uma vez que um grupo de consumidores tenha adquirido aquele bem, todos do grupo podem se beneficiar dele—ele tem essa natureza não rival. Um exemplo clássico é a TV a cabo. Se você paga uma assinatura de TV a cabo, é possível que várias outras pessoas a desfrutem.

Depois, há uma classe interessante de bens chamada de bens comuns. Eles são não excludentes—visto que não é possível discriminar os que podem ou não ter acesso a eles por qualquer mecanismo de preço—, mas são rivais. Há dois exemplos clássicos disso. O primeiro é a pescaria, o estoque de peixes no mar. A pescaria é não excludente, pois qualquer pessoa pode ir lá pescar, mas é rival, porque, depois que você pescou um peixe, ninguém mais pode pescá-lo. O outro exemplo é a indústria madeireira—e aqui o tema remete à ideia de desmatamento. Aqueles que trabalham cortando árvores na Amazônia estão se aproveitando de um bem não excludente. Sabemos o que está ocorrendo na Amazônia hoje, com recordes históricos de desmatamento. Nesse caso, há uma situação não excludente, pois não se exclui quem pode entrar na floresta e sair cortando árvores, no entanto, ao mesmo tempo, é um bem rival, uma vez que aquelas árvores cortadas por uns não poderão ser cortadas por outros. Esses são bens comuns e geram o que em sociologia é conhecido como "tragédia dos comuns".

A "tragédia dos comuns" é uma situação em que, por serem os bens comuns, há um incentivo à conduta de se retirar o máximo de benefício de curto prazo daqueles bens, sem levar em conta o impacto de longo prazo dessa conduta. O desmatamento é a situação clássica de "tragédia dos comuns". Quem desmata extrai de imediato um benefício do desmatamento, seja pela madeira que cortou e vai vender, seja pela terra que agora poderá ser vendida a um preço mais alto do que se a floresta ainda estivesse de pé. Quando se faz isso, extraem-se os benefícios imediatos e os malefícios de longo prazo recaem sobre todos. Então, alguém extrai os bens e tem os benefícios privados da extração, enquanto os malefícios são compartilhados com todo mundo. Trata-se de uma tragédia justamente porque é um tipo de conduta que tem efeito deletério sobre a coletividade, ainda que possa proporcionar, em um curto prazo, benefício para alguns.

Finalmente, temos as categorias dos bens públicos, que, como disse, são bens não excludentes e não rivais. O exemplo mais comezinho dessa categoria é o ar que respiramos. Não dá para pôr preço no ar, não é possível dividir e dizer: "Você respira esse ar e você só respira esse outro ar." Todo mundo respira o mesmo ar, conjuntamente. Outro tipo de bem público que está aqui incluído é o meio ambiente. Tudo relativo ao meio ambiente é um bem público. As mudanças climáticas afetam a todos.

Outra questão interessante para pensar é que alguns bens públicos sofrem da "tragédia dos comuns". No caso da descarbonização, para dar mais um exemplo concreto, por ser a descarbonização uma espécie de bem público é muito difícil atribuir-lhe um preço, um valor, porque os custos e os benefícios são compartilhados por todos. E, às vezes, os custos são divididos por alguns, enquanto os benefícios são compartilhados por todos. Então, a precificação da descarbonização se torna complicada do ponto de vista normativo. Essa dificuldade, contudo, não muda o fato de que o meio ambiente é um bem público.

Outro bem público é a defesa. Ela é não excludente e não rival. Se existe um sistema de Defesa Nacional, ninguém que seja residente naquele país pode optar por não receber aqueles serviços de defesa. Todos estão automaticamente incluídos nos serviços. Saúde é, igualmente, um bem público, como estamos vendo com a pandemia: é um bem público até mesmo na dimensão das medidas sanitárias. As medidas sanitárias geram custos, mas também geram efeitos benéficos para a sociedade. Os efeitos benéficos são não desencadear um colapso do sistema de saúde, que prejudicaria o atendimento de doentes de Covid-19 e de outras doenças, e reduzir o número de contaminações e mortes.

Há outros bens públicos na minha lista. Conhecimento é um deles. Ao compartilhar de forma gratuita, por meio de transmissões no Youtube, o conhecimento que tenho sobre economia gero um bem público, uma vez que não excluo ninguém e não há rivalidade no consumo desse conteúdo. É uma situação não excludente e não rival. Proteção social é outro bem público, em certo sentido. É benéfico para todos que exista um sistema sólido de proteção social, porque esse sistema dá sustentação à economia, aproveitada por todo mundo. Há custos, mas os benefícios são compartilhados. É algo semelhante ao que ocorre com o meio ambiente, também alinhado com a história da saúde.

Estado e mercado

Ao fazermos uma lista de bens públicos, é curioso que apareçam quatro temas bastante visíveis para nós hoje: saúde, proteção social, conhecimento e educação. E é minha obrigação moral dizer que o governo Bolsonaro tem se colocado constantemente contra esses quatro temas. O governo se coloca contra o conhecimento e a educação, ataca o meio ambiente e, claramente, não está fazendo o que precisa ser feito na área de saúde: em certo aspecto, é um governo que adota uma postura antissaúde. E tem certamente uma postura antiproteção social, porque a iniciativa da renda mínima não partiu dele, e sim da pressão da sociedade civil junto ao Congresso. Além disso, o governo tem criado entraves para que a renda seja paga: há muitos relatos de pessoas que não estão recebendo o benefício e de gente com dificuldades no cadastramento.

Não é algo que chegue a surpreender. Em se tratando da visão deste governo e da de alguns economistas, os bens públicos deixam em evidência o seguinte: se são não excludentes e não rivais, não há solução de mercado para eles. Se o mercado pudesse oferecer o bem público, provavelmente a oferta seria bem aquém da desejável, porque o mercado não consegue pôr um preço no bem público. Essa é uma primeira observação. Uma segunda observação é que, muitas vezes, o bem público sofre degradação. Como o ar sofre degradação? Por meio da poluição. O mesmo vale para o meio ambiente. Se pensarmos no conhecimento, que tipo de degradação o conhecimento sofre? Bom, o ex-ministro da Educação Abraham Weintraub mostrou bem o tipo de degradação que pode ser gerada. Mas, para além disso, para aquelas pessoas que são educadoras, como eu, e que produzem conteúdo público para passar conhecimento para outras pessoas, às vezes a degradação desse conhecimento decorre de outras formas.

Há quem pense que um conhecimento oferecido de forma gratuita deve valer muito pouco: afinal de contas, tudo tem um preço. É uma maneira de pensar equivocada porque o ar está aí, o ar é livre, respiramos o ar. E, sem o ar, morremos. O preço do ar é infinito. E, justamente por ser infinito, não deveria ser degradado. O mesmo vale para o conhecimento. O conhecimento, de modo geral, é algo que não deveria ter preço e que deveria ser apreciado por seu imenso valor intrínseco, o que acaba não acontecendo devido a essa percepção equivocada a respeito da natureza de um bem público.

O bem público nos coloca diante de uma questão moral. Se é necessário para a vida das pessoas—pense no ar, no meio ambiente, na saúde, na educação—e o degradamos, permitindo, por exemplo, que o mercado faça dele o que quiser, estaremos afetando o acesso de determinadas pessoas ou tornando esse acesso precário, além de precarizarmos o próprio bem público oferecido. Esses exemplos evidenciam que não há uma dicotomia, como muitos economistas gostam de imaginar, entre Estado e mercado. Como eu disse, bens públicos não são necessariamente providos pelo Estado, mas é o Estado que tem meios para atuar contra a sua degradação, por exemplo, via regulação e fiscalização.

Então, volto ao atual governo e ao ministro da Economia, afinados que são com o pensamento pró-Estado mínimo e a favor do mercado em tudo, como vimos no anúncio desastrado do programa Pró-Brasil, um programa supostamente de infraestrutura, feito em 22 de abril pelo ministro-chefe da Casa Civil, general Walter Souza Braga Netto. Digo "supostamente" porque são R$ 30 bilhões que estavam engavetados na atual administração e que foram apenas desengavetados. O anúncio foi feito de forma lamentável, com slides sem números e sem projetos, ou seja, uma discussão de infraestrutura em que não havia detalhamento dos projetos nem da agenda. É incompreensível, mas mostra a forma de ação de quem governa o Brasil hoje e a racionalidade subjacente à sua forma de agir politicamente: instrumental e depreciadora do público.

Por que o ministro da Economia não estava presente? Porque são obras públicas, como disse o general Braga Netto, e obra pública é algo que não cabe no pensamento guediano de Estado mínimo e pró-mercado. Essa dicotomia, porém, não dá conta do rol de bens públicos de que trato aqui. Quando percebemos que os bens públicos são de extrema relevância porque se tornam muito visíveis, como agora, nas questões de saúde, de proteção social, de educação, de meio ambiente, vemos claramente que não existe essa separação. O mercado não vai conseguir entregar bons resultados. O mercado pode até conseguir entregar resultados eficientes ou estáveis, mas eles podem ser extremamente ruins.

Qual é o papel do Estado nessa situação? Muitas vezes cabe a ele próprio prover o serviço. Saúde é isso. Proteção social é isso. Educação é isso. Quando não é papel do Estado prover o serviço ou o bem público diretamente, como no caso da educação, da saúde e da proteção social, e de vários serviços de utilidade pública, como coleta de lixo, energia elétrica, saneamento básico, o Estado deve atuar como regulador. Insisto: quando o Estado não é o provedor, ele precisa atuar como regulador, o que significa que Estado e mercado estão interconectados e devem trabalhar em conjunto.

Há quem pergunte se o "novo normal" exige um governo ainda mais intervencionista. Acredito que estamos em uma situação com mais presença do Estado, o que não é, entretanto, sinônimo de intervencionismo. É preciso haver um equilíbrio. Essa presença não precisa significar o Estado fazendo tudo: muitas vezes basta uma presença regulatória. O Estado pode estar presente regulando e exercendo um papel de supervisor dos mercados.

Inevitavelmente, caminhamos para uma situação em que o Estado passou a ter uma participação muito maior na economia. Isso é o ideal? Provavelmente não. Volto à ideia do equilíbrio: nem só Estado, nem sem o

Estado ou com Estado mínimo. Os dois modelos já se mostraram profundamente equivocados. O ideal é contarmos com o Estado e o mercado atuando conjuntamente. De que forma? A resposta a essa questão faz parte do desenho do que será o pós-crise.

Reconhecer o papel do Estado nesses termos não quer dizer que o Estado cumpra bem a sua função. O Estado brasileiro é ineficiente em vários aspectos e poderia ter uma atuação muito melhor. O que estou dizendo é que existe essa maneira excludente de ver o mundo — sem nuances, sem entender o panorama que se coloca —, a qual é perigosa neste momento. Este é um momento em que precisamos perceber as nuances entre um polo e outro. Não Estado ou mercado, mas Estado e mercado, os dois conjuntamente, porque os bens públicos estão em evidência e é importante provê-los neste momento.

Volto, então, ao ponto inicial, porque o entendimento de como os bens públicos são providos passa por questões éticas e morais. É moral e ético ter um sistema de saúde do qual, em meio a uma pandemia, pessoas são excluídas porque se trata de um sistema inteiramente privado, como no caso dos Estados Unidos? No Brasil, temos uma crise de saúde pública e uma crise econômica, com pessoas vulneráveis perdendo a vida. Isso é ético? É moral? Economistas têm que incorporar a resposta a essas perguntas nas soluções que propõem. Respondê-las faz parte das atribuições de quem quer ter participação no debate público e influenciar a política pública.

16

O "NOVO NORMAL" – PARTE 2: A NECESSIDADE DO INVESTIMENTO PÚBLICO

Em 22 de abril, o governo federal anunciou o Pró-Brasil, um programa para o setor de infraestrutura. O anúncio foi feito pelo ministro-chefe da Casa Civil, general Walter Souza Braga Netto, sem a presença do ministro da Economia, Paulo Guedes. Não vou comentar o que a cena diz da relação entre civis e militares e do papel dos militares neste governo. Vou ater-me à apresentação, quando foram exibidos seis slides, sem qualquer descrição do que será feito, e números que pareciam jogados, sem detalhamento algum. Não pudemos sequer saber, na ocasião, quais eram os projetos envolvidos, mas, considerando a proporção do que estava engavetado até então, os R$ 30 bilhões em obras públicas previstos na apresentação soaram como mero desengavetamento. De qualquer forma, trata-se de um número muito baixo, insuficiente para um projeto de peso em infraestrutura, se o objetivo de fato for acelerar a retomada da economia na saída da fase aguda da crise.

Essas são, para mim, as críticas válidas ao programa. As inválidas são aquelas que descambam para a demonização do investimento público, com base no preconceito de que ele é, *per se*, prejudicial para a economia. Muita gente lança mão desse discurso citando o que ocorreu no governo Dilma: o programa de investimento público daquele governo não deu certo e gerou um grande desarranjo na economia. Por isso, de acordo com esses críticos, investimentos em infraestrutura não devem ser feitos, o que é um argumento descabido.

Como um bom programa de investimento público funciona? Em primeiro lugar, é preciso haver uma agenda em que os critérios e as áreas prioritárias sejam definidos com clareza. A partir dessa agenda e da priorização dos objetivos ao elaborar os projetos, chega-se a um grau de minúcias que assegura que o investimento público será bem alocado e executado corretamente. Há diversas formas de fazer isso, mas, em última instância, é necessário ter dinheiro público. E, também por isso, são necessários mecanismos que monitorem o andamento do projeto, o modo como o dinheiro está sendo investido e o tipo de rendimento que se obtém desse investimento.

A princípio, é perfeitamente viável fazer um programa de investimento público com transparência, metas, regras, uma boa definição técnica do projeto em si e do que ele visa alcançar. Dentro desses parâmetros, pode-se ampliar um programa de infraestrutura. Não há razão para que o investimento seja demonizado só por causa do que aconteceu em determinados governos. É uma grande falácia e um tiro no pé, porque a verdade—como eu já disse em transmissões—é que vamos precisar de investimento público na saída dessa crise. A saída dessa crise é complicada e, se nada for feito, a dificuldade de pôr em marcha uma retomada aumentará com o passar do tempo.

Todos os países, de uma forma ou de outra, vão fazer programas de infraestrutura com o impulso do investimento público. Porque o outro lado dessa história é que, na saída da crise, dificilmente haverá dinheiro privado disponível. O ambiente de extrema incerteza permanecerá. Lembre-se do que foi dito em outros capítulos a respeito do ambiente que nos espera: uma retomada provavelmente volátil da economia por causa das quarentenas intermitentes. Portanto, é improvável que haja, à nossa espera, do outro lado dessa travessia, investidor privado disposto a colocar dinheiro em infraestrutura. E vamos precisar de infraestrutura para dar sustentação à economia.

Faço então um parêntese necessário: nossa credibilidade internacional já estava profundamente abalada, antes mesmo da chegada da pandemia e da sua má condução pelo governo federal. Nosso descrédito não se devia apenas às falas do presidente, mas também ao desmatamento na Amazônia e a práticas do seu governo em áreas específicas, como a ambiental. A instabilidade no Ministério da Saúde, que nos primeiros três meses de pandemia assistiu a uma demissão e à renúncia de um titular da pasta, sem dúvida foi uma sinalização muito ruim e se somou à visão internacional do Brasil.

A falta de credibilidade em relação a nós se reflete na desvalorização da nossa moeda, uma das mais desvalorizadas entre aquelas dos mercados emergentes. Não à toa também estamos vendo um mau desempenho dos nossos ativos. Ainda que todos os ativos e moedas de países emergentes estejam com mau desempenho, a deterioração pode ser maior ou menor, a depender dos rumos e das crises institucionais que o país enfrenta. No nosso caso, falta rumo e sobram crises, o que significa que recuperar a credibilidade depois vai ser mais complicado. Mesmo em um novo governo, mesmo em uma nova situação, é delicado quando se perde a confiança internacional. A única forma de resolvermos esse impasse é com investimento público. Aliás, grandes investimentos em infraestrutura geralmente necessitam da ação do governo, porque têm um horizonte muito longo de concretização, o que encerra um risco alto para o investidor privado. Cabe ao governo atenuar os riscos para o investidor privado que integra o projeto. Essa atuação pode ser maior ou menor, dependendo das circunstâncias. Nas circunstâncias que temos no horizonte, não há como esse plano de infraestrutura ser cumprido sem uma ação inicial do investimento público. Não haverá dinheiro privado se o governo não alavancar a situação. À medida que as coisas começarem a andar, o investimento privado deverá entrar aos poucos, supondo que o ambiente esteja razoavelmente estável.

Investimento e crescimento

A literatura sobre as relações entre investimento público, infraestrutura e crescimento é vasta. As evidências apontam que, onde o investimento público é feito, ele aparece em geral positivamente, correlacionado com o crescimento. Não é uma relação de causalidade, isto é, não se pode dizer que investimento cause crescimento, mas há uma correlação, o que quer dizer que o investimento público está positivamente relacionado com o crescimento, pois onde o investimento público é implementado observa-se um crescimento econômico.

Isso é bom e mostra que existe retroalimentações dos eventos. A literatura empírica—quer dizer, aquela baseada em dados reais, não em ideologias, preconceitos ou dogmas—cobre uma gama de países e diferentes tipos de análise. De modo geral, a mensagem é esta: se o investimento público se dá de uma forma transparente e com critérios objetivos e técnicos, há uma correlação positiva com o crescimento. Se o investimento público é realizado sem transparência, sem critérios claros e sem capacidade técnica, a correlação é negativa.

Isso não deveria surpreender ninguém, porque o mesmo ocorre no investimento privado. Quando é bem feito, o investimento privado tem uma correlação positiva com o crescimento. Quando é mal feito, tem uma correlação negativa com o crescimento. O que podemos entender é, então, que aqueles que são sempre e necessariamente contra o investimento público partem do pressuposto, não explicitado, de que o Estado, por definição, não pode agir com transparência e capacidade técnica.

Temos que abandonar esse hábito mental de tentar sempre recuar ao passado para sustentar que "quando foi feito, foi mal feito". Historicamente, foi mal realizado, mas isso não implica que precise ser sempre assim. Ser bem feito não é uma impossibilidade lógica. E é precisamente esta a minha crítica ao programa Pró-Brasil: é fundamental que investimentos em infraestrutura sejam bem feitos para enfrentarmos a crise, mas faltam clareza, planejamento e até mesmo recursos adequados no programa anunciado pelo governo, pois R$ 30 bilhões é um montante insuficiente.

Por todos esses motivos, qualquer programa de infraestrutura com investimento público que venha a ser realizado vai requerer uma alteração na Emenda Constitucional nº 95, a do teto de gastos. Então, para que possamos acomodar o investimento público na forma correta, como um recurso político que pode nos ajudar no pós-pandemia, no pós-crise, precisamos flexibilizar o teto.

Estudos do FMI que avaliaram os diversos modelos de teto de gastos adotados mundo afora apontam que o teto de gastos brasileiro, desenhado em 2016, é peculiar: embute uma rigidez excessiva que outros modelos e a boa prática internacional não sustentam. Tendo a boa prática internacional como referência, o teto de gastos tende a excluir o investimento público exatamente para que se possa ter essa via, essa forma de fazer política pública nos momentos em que ela se mostra necessária. O teto de gastos brasileiro é tão amarrado que coloca uma camisa de força no governo, e isso é tudo o que ele não pode ter para sair de uma crise.

É interessante a recorrência do termo "novo normal", que faz pensar na necessidade compartilhada da normalidade, ainda que, como é o caso, nós a situemos no futuro. Em todo caso, entendo que o "novo normal" deva se orientar por saúde pública, proteção social e infraestrutura profundamente relacionada e comprometida com uma agenda ambiental. A pandemia trouxe um quadro de rupturas e uma mudança de eixo no mundo e, neste momento, não é fantasia acreditar que possa haver uma mudança grande no Brasil. Pode ser uma utopia, mas é válida porque convida a agir para torná-la real.

Precisamos abandonar o derrotismo, uma característica nossa como país e como sociedade e que disfarçamos sob conformismos e estereótipos. Muita coisa de fato dá errado no país, porém isso não significa que os erros sejam incontornáveis. Uma visão mais realista é a de que o país tem potencial, gente capacitada, com muito a oferecer. Portanto, não é um país destinado ao fracasso. Entender isso pode nos fazer repensar nossas escolhas, nossos erros, o que pode ser melhorado nos caminhos que temos trilhado e nos fazer perceber que precisamos assumir responsabilidade por ações e omissões. As dificuldades são enormes, mas nosso destino não precisa ser esse.

17

COMO OS BANCOS PÚBLICOS PODEM AJUDAR?

Como socorrer empresas nas crises? O mercado deve ficar mais concentrado? Questões como essas têm embaralhado a cabeça de muita gente. Enquanto isso, continuamos sem um projeto governamental eficaz de socorro às empresas brasileiras que sofrem com a pandemia. Sabemos que o socorro direto via banco privado não vai funcionar, será difícil de ser executado, a não ser que se crie algum mecanismo que constranja os bancos a emprestar os recursos que recebem. Há uma pauta sobre empréstimos compulsórios sendo discutida no Congresso que não avançou.

Recentemente, o governo editou uma medida provisória para auxiliar a provisão de microcrédito pelo sistema bancário, algo que dificilmente ocorrerá durante uma pandemia. Na minha opinião, a maneira mais óbvia de socorrer empresas, seja de que porte for, é fazer uso dos bancos públicos. Dito de outra forma: parte dos nossos problemas hoje pode ser enfrentada via bancos públicos, ao passo que outra parte depende da nossa criatividade.

No Brasil, como em outros países—os Estados Unidos são uma exceção—, há bancos públicos e eles normalmente são usados como instrumentos de combate às crises. Sabemos quais são eles: Banco do Brasil, Caixa Econômica e BNDES. Por uma série de razões, esses bancos têm uma capacidade de reação e de ação direta na economia que outros atores não têm. Por exemplo, para o Banco Central conseguir fazer com que o dinheiro que ele injeta nos bancos chegue às empresas, é preciso que esses bancos estejam dispostos a emprestar para elas. Ou seja, o Banco Central faz a intermediação, via sistema bancário, para que o dinheiro chegue à ponta—o que é perfeitamente válido em algumas circunstâncias. Porém, não é razoável esperar, em um momento de crise como o atual, que as injeções de liquidez feitas pelo Banco Central cheguem aonde precisam chegar.

Quando os países não dispõem de outro tipo de recurso ou de instrumento para tentar fazer o crédito voltar a funcionar, eles recorrem a esse tipo de injeção de liquidez via Banco Central. É o caso do FED, o Banco Central americano. Como não há banco público nos Estados Unidos, a forma de fazer o dinheiro chegar às empresas, de estimular o crédito na economia, é por meio de uma série de operações com o sistema bancário, com o mercado de capitais, de forma mais geral, ou até contornando o sistema bancário e o mercado financeiro. Mas tudo fica mais difícil se o Banco Central estiver fazendo isso sozinho.

Quando se dispõe de bancos públicos, pode-se contar com um instrumento adicional, uma vez que esses bancos, em grande medida, já trabalham com empresas e, portanto, já chegam aonde precisam chegar. Eles passam a configurar, então, um meio importante de provisão de crédito, de estímulo adicional ou de ajuda e estímulo às empresas.

A discussão que se colocava no Brasil até recentemente e que o ministro Paulo Guedes insiste em sustentar, apesar da pandemia e da crise sem precedentes que ela provoca, gira em torno do Estado mínimo e de privatizações, que incluem instituições como a Caixa Econômica. Primeiro, é um contrassenso pensar em privatização neste momento, porque privatizar em tempos de crise aguda significa vender ativo a preço de banana. Segundo, mais do que nunca, hoje nós vemos a importância de contar com um instrumento como a Caixa, que, nesta crise, está cumprindo um papel público de assistência às empresas. E é por ser um banco público que a Caixa tem condições de fazer isso. O mesmo vale para o BNDES, em maior medida até, por ser um banco de desenvolvimento.

Hoje, no Brasil, esse canal está sendo muito pouco utilizado, como discuti no Capítulo 11. Algumas linhas de crédito estão sendo disponibilizadas pela Caixa, algo está sendo feito pelo Banco do Brasil, mas pouquíssimo pelo BNDES. A razão fundamental para isso é que, como venho dizendo, o atual governo impõe uma ideologização aos bancos públicos, devido à atuação desses bancos no passado, o que é um equívoco, em particular neste momento.

Não custa olhar novamente para o passado, se esse retorno nos ajudar no presente: na saída da crise de 2008, os bancos públicos foram importantes porque a economia foi muito atingida pela paralisação dos mercados de crédito e a recessão chegou ao Brasil. A recessão brasileira, naquela altura, foi curta por uma série de razões, até mesmo pela atuação desses bancos nos mercados de crédito e como instrumento no combate à crise. Sua ação foi, portanto, adequada e positiva para o país naquele momento, o que significa que a adequação da ação de bancos públicos é contextual, não sendo, *per se*, nem boa nem má, nem acertada nem equivocada.

O problema começou quando a crise chegou ao fim, a economia cresceu e os bancos públicos, sobretudo o BNDES, não mudaram sua forma de atuação, privilegiando as empresas consideradas "campeãs nacionais". Em outras palavras, parte do problema reside no fato de se partir do princípio de que a ação desses bancos tem valor intrínseco, em lugar de afiná-la em função do contexto.

É a compreensão de que a ação dos bancos públicos deve responder ao contexto, com base em princípios e conhecimento, claro, que nos permite perceber que suas formas de atuação podem ser diversas. E que, no momento atual, é necessário que eles ajam. Por exemplo, o BNDES poderia estar operando como um mecanismo direto de transferência de crédito ou de emissão de crédito para as empresas em necessidade, principalmente para as de médio e pequeno porte com as quais ele já trabalha. Esse instrumento não está sendo utilizado hoje.

As medidas do Banco Central são importantes, mas devem ser complementadas quando possível. No caso específico dos bancos públicos, a necessidade de complementação é óbvia, uma vez que o Banco Central não dispõe de mecanismos para constranger bancos que recebam algum tipo de liquidez do Banco Central a emprestar esse dinheiro adiante. Isso quer dizer que, embora as medidas que ampliam as possibilidades de ação do Banco Central durante a pandemia sejam importantes para a estabilidade financeira do país, é necessário complementar esse arsenal com o poder de fogo do BNDES.

Se o governo garantir algum apoio às empresas por meio dos bancos públicos, certamente haverá uma melhora no quadro geral. No caso deles, não é difícil desenhar linhas de crédito que estejam diretamente condicionadas à manutenção de empregos. Não é difícil fazer isso porque é possível observar o número de postos de trabalho de determinada empresa e fazer uma linha de crédito condicionada. Isso não está sendo feito ainda, pelo menos não na magnitude desejável. Então, trata-se de mais uma área que o governo poderia estar explorando com muito mais agressividade e não o faz porque, infelizmente, tem uma visão ideológica dos bancos públicos.

Os economistas Arminio Fraga, Vinicius Carrasco e José Alexandre Scheinkman publicaram um artigo na *Folha de S.Paulo* no mês de março cuja leitura recomendo. Nesse artigo, intitulado "Veja proposta com 9 itens que garante crédito para empresas suportarem choque do coronavírus", eles delineiam muito bem como podem ser as linhas de crédito do governo para as pequenas e médias empresas. Essas empresas não apenas são correntistas, como já tomam empréstimos do sistema de bancos públicos. Como existe uma capilaridade desse sistema Brasil afora, tais empresas podem ser atendidas com linhas de crédito facilitadas e juros subsidiados para auxiliá-las nesse processo atual de dificuldade econômica.

O risco da concentração

E agora me descolo um pouco do artigo, lembrando que existem inúmeras microempresas que não fazem parte dessa rede e não têm acesso a esses recursos dos bancos públicos tão diretamente quanto outras, de porte um pouco maior. Para essas empresas menores que não necessariamente têm acesso habitual a tais recursos, o governo precisa dar auxílio direto. É fácil chegar a elas porque se encontram cadastradas, estão registradas como pessoa jurídica.

Corremos o risco, porém, de ficar com um mercado muito concentrado depois da crise. E me parece que o desenho dessas medidas de socorro a empresas deveria se preocupar com o que acontecerá após a fase aguda da pandemia. As intervenções feitas agora têm consequências e uma delas pode ser tornar o mercado ainda mais concentrado do que já é. Estou falando especificamente de acabarmos com uma concentração nas empresas de maior porte, enquanto as empresas menores não resistem e desaparecem.

É um risco, sobretudo em um cenário em que existe uma completa falta de coordenação do governo. Ao longo dos primeiros meses da pandemia, tentei colocar no papel todas as medidas já aventadas, não necessariamente adotadas, mas aventadas pelo governo federal. É um trabalho penoso porque, ao tentar fazer uma lista como essa, preenchem-se páginas e páginas com medidas redundantes ou que nada significam. E o que se pode ver, claramente, é como o governo está desorientado, o que também significa que continuamos perdendo um tempo precioso.

18

MONETIZAÇÃO DE DÍVIDAS?

Há muita confusão, uma confusão que ainda deve ficar entre nós por algum tempo, sobre o que significa monetizar dívida. Algumas pessoas entendem as compras de títulos públicos feitas pelo Banco Central brasileiro como uma monetização da dívida, o que costuma gerar medo de um possível risco inflacionário. Lembro que o Bacen nunca fez esse tipo de operação, pois não era permitido que fizesse até a aprovação da Emenda Constitucional nº 106, discutida no Capítulo 9.

Agora o Banco Central poderá atuar, enquanto durar a crise decorrente da pandemia, como diversos bancos centrais em todo o mundo, o que implica, entre outras coisas, a possibilidade de comprar títulos do Tesouro no mercado secundário. Vale dizer: são títulos que já foram emitidos pelo Tesouro no passado, estão no mercado e o Bacen pode comprá-los. É importante ter isso em mente para saber que não se trata da compra do que chamamos de emissão primária, ou seja, da dívida que o Tesouro emitiu e revendeu diretamente para o Banco Central. Trata-se de dívida que já foi emitida, está na carteira de um banco, de uma instituição financeira, ou rolando no mercado com alguém cuja custódia está nas mãos de algum banco. O Banco Central passa a poder comprar esses títulos, logo, passa a poder comprar no mercado secundário.

Essa compra significa monetização de dívida? A confusão quanto a isso está no simples fato de ser o Banco Central o comprador. O raciocínio costuma ser: se o Banco Central, que é o emissor da moeda, compra dívida pública, isso caracteriza uma monetização de dívida. Se quisermos entender esse tipo de atuação como monetização da dívida em sentido impróprio e não em sentido clássico, então, de fato, teremos uma monetização de dívida. Mas ela será de um tipo bastante particular, e entendê-la é importante para compreendermos por que ela não traz, necessariamente, consequências inflacionárias, ao menos no curto prazo. E só trará consequências inflacionárias no futuro se forem dadas algumas condições.

Para aprofundar a questão retomo o esboço do balanço do Banco Central já apresentado no Capítulo 9 (*ver Imagem 20*).

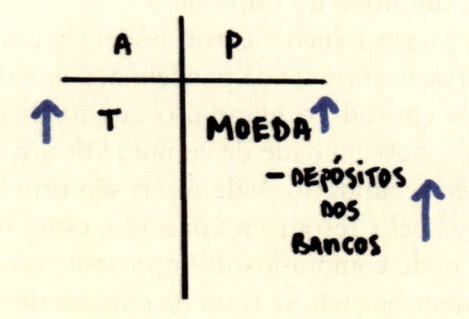

IMAGEM 20

Vamos relembrar: esse balanço simplificado mostra os ativos e os passivos. Na carteira do Banco Central, do lado dos ativos, estão os títulos do governo (T), e do lado do passivo está a moeda (M). Dentro de moeda estão os depósitos dos bancos no Banco Central. O que acontece quando o Banco Central compra um título público da carteira de um banco? O Bacen dá em troca uma espécie de depósito digital para o banco em questão, isto é, o valor correspondente ao que foi comprado. O que acontece no balanço é que sobe o volume de títulos e sobem os depósitos dos bancos no Bacen.

Essa operação caracteriza uma monetização no sentido clássico? É um tipo de operação que aumenta a circulação da moeda na economia? Não necessariamente. Porque, se os bancos deixarem depositado no Banco Central o dinheiro equivalente ao que receberam pela venda dos títulos, não acontecerá absolutamente nada. O Banco Central dará uma liquidez indireta ao mercado financeiro ao adquirir os títulos, o dinheiro irá para o balanço do Banco Central e lá ficará.

Isso não gera mais moeda em circulação na economia. Portanto, essa operação, que caracteristicamente chamamos de *quantitative easing* (QE), ou, em português, "afrouxamento quantitativo", é completada no balanço do Banco Central. Não há mais dinheiro em circulação quando a operação é feita no prazo imediato, o que vale dizer que não existe excesso de moeda em circulação na economia. Assim, não há nenhuma razão para pressão inflacionária além da que, potencialmente, já existe.

Não é preciso que a taxa de juros chegue a zero para que esse tipo de operação seja executado. Na realidade, se voltarmos à crise de 2008, veremos que o FED levou a taxa de juros a zero e só depois disso passou a tomar essas medidas de compras de títulos. Já o Banco da Inglaterra e o Banco Central Europeu começaram a fazer as suas operações de afrouxamento quantitativo muito antes. Aliás, eles tentaram não levar a taxa de juros a zero e adotar a compra de títulos justamente para evitar que a taxa de juros nominal chegasse a zero. E, de fato, ao menos no caso do Banco da Inglaterra, a taxa de juros nominal de referência nunca foi a zero. Quanto ao Banco Central Europeu, a taxa de juros chegou a ficar negativa.

O ponto é: não é incompatível ter uma taxa de juros nominal ainda em território positivo, como temos hoje no Brasil, e ao mesmo tempo implementar essas medidas de afrouxamento quantitativo. Não é descabido porque a situação é inédita e extraordinária. Para poder dar maior estabilidade à economia, inclusive na capacidade de gestão da dívida por parte do Tesouro, neste momento é importante ter uma espécie de comprador de última instância da dívida — no caso, o Banco Central — atuando para garantir que as taxas continuem funcionando. E há um aspecto adicional nesse quadro, como se pode verificar no gráfico relacionado ao afrouxamento quantitativo (*ver Imagem 21*).

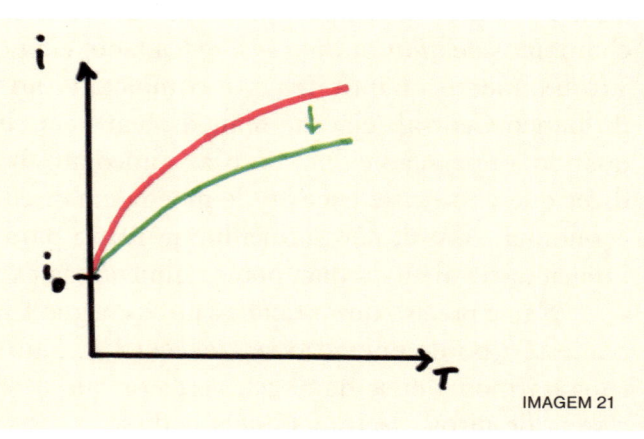

IMAGEM 21

Temos, na horizontal, a linha do tempo (T) e, na vertical, as taxas de juros (i). As curvas são a estrutura a termo da economia. Estrutura a termo é o modo como variam as taxas de juros de acordo com o prazo dos instrumentos que pagam esses juros, como explicado no Capítulo 9. Então, vamos supor que os instrumentos sejam os títulos do Tesouro, os títulos da dívida pública. Partindo de uma situação em que estejamos na curva roxa, vemos como as taxas de juros se comportam ao longo do tempo, em função da maturidade desses títulos do governo. Quando o Banco Central começa a atuar nos mercados secundários comprando títulos na ponta mais longa da curva, que é o que essa operação vai fazer, o que acontece é uma tendência a achatar, a reduzir os juros desses papéis mais longos que o Banco Central vai absorver. Ou seja, faz-se com que a curva roxa se desloque para a curva verde. Achata-se a estrutura a termo da economia.

Por que achatar a estrutura a termo da economia é bom? Porque o que movimenta a economia no fim do dia são as taxas longas, não as curtas. Com as taxas mais longas estando mais baixas, uma série de coisas pode acontecer para empresas que, por exemplo, contrataram empréstimos a taxas longas. Se essas taxas longas começarem a baixar, essas empresas poderão refinanciar suas dívidas a uma taxa de juros inferior. Esse é um exemplo. No caso de pessoas físicas vale o mesmo, dado que as taxas dos títulos do governo são taxas de referência para qualquer tipo de operação de crédito. Quando essas taxas caem, abre-se espaço para uma renegociação de dívidas nas taxas de juros menores para qualquer pessoa que tenha contratado o empréstimo de prazo mais longo. A taxa de juros longa mais baixa, por meio da atuação do Banco Central, permite esse espaço maior também.

É perfeitamente possível fazer isso sem alterar a taxa de curtíssimo prazo, como de fato está desenhado na Imagem 21. A taxa de juros de curtíssimo prazo, no caso a Selic, localizada na imagem no ponto em que se encosta ao eixo "i", está em território positivo, e ainda assim é possível fazer as operações para achatar a curva, de modo a que a estrutura a termo fique na curva verde. Isso é bom, pode gerar efeitos positivos para a economia, além de permitir um espaço maior para renegociação de dívida de empresa. É algo que vai precisar acontecer.

Quando os bancos centrais estão fazendo esse tipo de operação, já não há pressão inflacionária por definição, porque bancos centrais o fazem quando há uma situação de crise. Lança-se mão dessa operação quando se está diante de situações atípicas, extraordinárias, fora do comum. É o que estamos vivendo hoje. Por esse motivo foi dado ao Banco Central o poder de utilizar esse instrumento. Tal instrumento não gera inflação nem tem qualquer efeito no curto prazo. A questão é: no futuro pode ser que haja um efeito inflacionário? Essa é uma pergunta mais delicada de responder, porque a resposta depende do que o Tesouro Nacional vai fazer. Se o Tesouro honrar os pagamentos da dívida, isto é, de todos os títulos que ele emitiu no prazo de vencimento, nada acontecerá. Não haverá pressão inflacionária na economia.

Para ilustrar: nos Estados Unidos, quando houve a crise de 2008 e o FED começou a fazer essas compras de título, muita gente pensou que isso geraria efeitos inflacionários porque seria uma espécie de monetização de dívida. E era uma espécie de postulado que muita moeda em circulação gera inflação. Não aconteceu, não houve inflação. Na verdade, a inflação permaneceu baixa durante bastante tempo. O que houve foi um dilema de política econômica completamente reverso ao que as pessoas imaginavam. As pessoas imaginavam que o dilema giraria em torno de como conter a inflação, e, na verdade, o dilema passou a ser como sair de uma espécie de armadilha de inflação baixa.

Contrariando a teoria

Esse dilema gerou um intenso debate, que até hoje não está bem resolvido, a respeito de política monetária. Tudo o que se entendia sobre política monetária, sobre a relação entre moeda e inflação ou a relação entre Banco Central, Tesouro e inflação, foi colocado de "pernas pro ar" depois que essas operações extraordinárias de afrouxamento quantitativo se revelaram não inflacionárias, contrariando a previsão da teoria—vale dizer, daquela posta nos textos clássicos da economia.

A teoria dizia: "Se você fizer isso, vai ter inflação." E não teve. Então, tem sido necessário repensar a política monetária e a relação entre moeda e inflação. O entendimento clássico, construído por Milton Friedman, era: "Moeda em excesso gera inflação." Com a crise de 2008 fomos obrigados a considerar que essa maneira de enxergar a relação entre moeda e inflação estava errada, porque os eventos não ocorreram da forma como se imaginava. Mas, seguramente, esse tipo de operação pode causar problemas inflacionários no futuro se, por exemplo, o Tesouro Nacional não honrar os pagamentos de juros nem o pagamento do principal da dívida e der um calote.

No caso de calote, o Banco Central terá uma perda dos títulos que adquiriu. Os bancos, que até então estavam com seus depósitos parados no Banco Central, vão querer trocar depósito por moeda física. Ou seja, aquilo que estava parado como um depósito digital, sendo simplesmente um crédito em uma conta no Banco Central, transforma-se em moeda em circulação. No momento em que se gera excesso de moeda em circulação por causa de uma situação de calote, aí, sim, se tem um quadro inflacionário.

Como visto no Capítulo 17, por não possuir valor intrínseco o papel-moeda com o qual transacionamos na economia precisa ter um lastro para que as pessoas confiem no seu valor. Quando esse lastro se quebra, gera-se um processo inflacionário, ou, ao menos, essa é uma das causas do surgimento de um processo inflacionário. Tal lastro é a capacidade de pagamento do governo, sua capacidade de honrar a própria dívida.

Na situação hipotética em que o Banco Central faz essa operação de compra de títulos e o Tesouro dá um calote na dívida, o Bacen terá que devolver os depósitos para os bancos na forma de moeda emitida. Nesse momento, então, haverá impressão monetária. Essa moeda que entra em circulação em função de um calote é uma moeda que deixa de ter lastro e, nesse contexto, tem-se o processo inflacionário. A inflação pode decorrer, nesse caso, de uma situação de quebra de confiança por conta de um problema fiscal de ordem maior, de um calote, de uma interrupção de pagamento.

Qual o risco de um processo como esse acontecer no Brasil? No meu entendimento, o risco é muito baixo, porque toda dívida pública que tivermos necessidade de emitir nos próximos meses estará denominada em moeda local. Isso significa que, se o Tesouro mantiver um nível de confiança em relação à moeda, em relação à sua própria capacidade de pagamento, capacidade que ele, de fato, tem — o que é uma boa ilustração do entrelaçamento entre a política fiscal e a política monetária —, o risco de calote é mínimo.

Obviamente, se a dívida for aumentada de um dia para outro, e a dívida/PIB do Brasil dobrar abruptamente, o governo gerará uma quebra de confiança, a desconfiança de que pode estar tentando inflacionar a economia para reduzir o valor da dívida. Isso porque a dívida está em moeda local e, ao inflacionar a economia, reduz-se o valor da dívida, já que seu valor é corroído pela inflação. É importante ter em mente que há um ajuste fino entre a medida e a expectativa de que haverá um crescimento da dívida pública — um crescimento entendido como necessário —, logo, de que não há nenhuma necessidade de se pensar em calote.

O Brasil já viveu situações extremas no passado em relação à emissão de dívida e à necessidade de rolar essa dívida no mercado. E teve menos problemas em outras ocasiões. Eu diria que, hoje, a nossa capacidade de fazer essa rolagem de dívida no mercado, sobretudo tendo o Banco Central como comprador no mercado secundário, é grande. Não há razão para duvidarmos da capacidade do governo de rolar a dívida. A situação agora é tal que, se não for emitida a dívida necessária para dar sustentação à economia, de uma forma ou de outra a dívida/PIB vai subir, lembrando que a dívida/PIB é uma razão (*ver Imagem 22*).

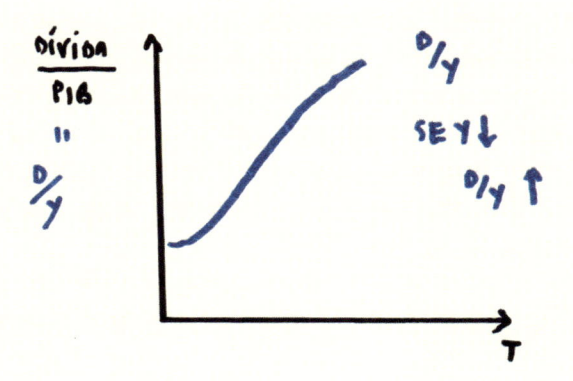

IMAGEM 22

Na Imagem 22, o D representa dívida, o Y é o PIB. A razão dívida/PIB pode subir por uma porção de motivos: porque a dívida aumentou, ou seja, o numerador subiu; ou porque o denominador caiu, isto é, o PIB entrou em retração. Se hoje o governo não emite dívida suficiente para segurar a economia, nem ao menos para lhe dar alguma sustentação, a queda do PIB—que vai acontecer de qualquer maneira—acabará sendo muito maior do que a que ocorreria se o governo desse a sustentação necessária por meio de gastos e emissão de dívida para financiar esses gastos.

Tem acontecido um estranho debate de bastidores no Brasil em torno da necessidade de se emitir tanta dívida. Nesse debate se argumenta que a razão dívida/PIB poderá subir demais e que teremos problemas adiante. O passado, com alguma justiça, nos assombra, mas é preciso considerar, para início de conversa, que todos os países vão emitir dívida, de modo que o Brasil estará igual a todo mundo em termos de razão dívida/PIB elevada. Isto é dado: vai ser assim para todos.

O que estou querendo dizer é que aquela maneira de olhar o problema, temendo que o passado se repita, ignora o fato básico de que, se não houver gastos (os gastos são necessários) e emissão de dívida para financiá-los, a retração do PIB, que já vai acontecer, será muito maior. A dívida/PIB vai subir, queiramos ou não. Ela vai subir se houver emissão de dívida, se não houver, ou se não for emitida dívida suficiente. A dívida/PIB vai subir, quer que se queira, quer não, maneira porque o denominador PIB vai encolher bem mais do que encolheria numa situação em que não fosse emitida a dívida necessária para sustentar a economia.

Como disse, estamos em uma situação inédita e extraordinária. Não se trata de keynesianismo barato, como muita gente pensa. Trata-se da forma como lidamos com as crises quando elas ocorrem. Se estivéssemos diante de uma circunstância normal, eu não estaria desde março fazendo transmissões diárias no YouTube, escrevendo artigos sobre a pandemia e a crise. Nem este livro existiria. Eu estaria fazendo outras coisas. Mas, como não estamos numa situação de normalidade, é preciso lidar com o extraordinário e tentar entender qual é a situação real. Esses esclarecimentos são necessários porque, em economia, existe muita confusão e grande parte dessa confusão é gerada por ruídos, polarizações e brigas entre economistas que tumultuam e não ajudam no entendimento das questões de fundo.

A questão de fundo hoje é simples: há uma crise inédita que precisa ser combatida de alguma maneira. Hoje não há outra forma de fazer isso a não ser envolvendo gasto e emissão de dívida. É o que o governo terá que fazer, e, para isso, a atuação do Banco Central passará a ser importante. Tal atuação não será obrigatoriamente inflacionária, ao passo que deixar de fazer a emissão de dívida necessária levará a um aumento da razão dívida/PIB, porque o PIB encolherá muito mais.

A questão da revenda dos títulos não precisa ser complicada. Nós vimos isso acontecer nos Estados Unidos. A diferença, em se tratando da crise de 2008, é que a absorção desses títulos por parte do FED foi grande. O Banco Central americano, em algum momento, começou a reduzir a sua carteira e revendeu uma parte dos títulos adquiridos, mas não tudo. Então, quando olhamos para o balanço do FED hoje, comparado ao que era antes da crise de 2008, vemos que ele continua bastante inchado.

Vai acontecer o mesmo com o Banco Central brasileiro? Possivelmente. Mas, numa primeira etapa, precisamos observar como será a atuação do Bacen. A EC nº 106 prevê que o nosso Banco Central tenha de dar explicações com grande frequência ao Congresso a respeito de sua atuação no mercado secundário, o que significa que haverá um mecanismo de supervisão e monitoramento. Sua atuação será, portanto, transparente, com a produção e o compartilhamento de informações, de modo que todos poderão ver o que o Banco Central fez, quando fez e com quais títulos.

Posteriormente, quando o Brasil estiver se reorientando para a nova realidade pós-pandemia, será preciso, em tese, avaliar qual vai ser a capacidade do Banco Central de revender esses títulos no mercado secundário. Imagino que ao menos uma parte deles possa ser revendida, mas não tenho resposta, porque, repito, trata-se de uma situação inédita. Desde que esses títulos rendam alguma coisa, o Banco Central não estará tendo perda. É preciso esperar e ver como a situação vai se reconfigurar.

19

PERGUNTAS E RESPOSTAS

A maior parte das *lives* que faço pelo YouTube dedica metade do tempo de transmissão às perguntas de quem está assistindo. São perguntas sobre os mais variados temas. Algumas delas estão reunidas aqui.

1. A crise da Covid-19 quebra algum paradigma econômico do *mainstream*?
Acho que vários paradigmas econômicos foram sendo quebrados ao longo dos últimos anos. A crise de 2008 expôs alguns desses paradigmas e o quanto eles estavam equivocados. Alguns debates já vinham evoluindo, pelo menos fora do Brasil, porque precisamos lembrar que uma coisa é o debate econômico no Brasil, que eu acompanho a distância, e outra é o debate econômico fora do Brasil. O Brasil está zero antenado para o debate econômico que ocorre além do seu próprio umbigo, o Brasil não presta a menor atenção a essas discussões. Existe um debate intenso lá fora, pelo menos no que diz respeito à

política macroeconômica, desde a crise de 2008. Portanto, há mais de uma década se debate política macroeconômica e, sobretudo, qual deve ser o foco dessa política.

Antes da crise da epidemia estava se formando um consenso claro entre economistas — não no Brasil, fora do Brasil — de que a política macroeconômica não pode perder de vista os problemas de desigualdade. Isso era o que estava levando o país a uma situação de grande turbulência política, até porque economia e política andam juntas. Portanto, isso já estava na pauta e agora está mais do que nunca. Porque muitas medidas que estão sendo tomadas por países diversos visam justamente ao reforço das redes de proteção social.

Esse debate está chegando ao Brasil em meio à crise, só que o problema é que há vários economistas, como demonstram inúmeros artigos publicados recentemente nos jornais, dizendo que as medidas têm que ser temporárias e devem ser revertidas. Vou deixar uma coisa bem clara aqui: há medidas que não devem ser temporárias. A medida da renda básica, por exemplo, a instituição da renda básica tem que ser permanente. Não é uma medida que custe tanto assim aos cofres públicos, não vai ameaçar a responsabilidade fiscal do país. Pelo contrário, vai dar um reforço econômico, inclusive na saída da crise.

Portanto, a renda básica que hoje existe de forma temporária exigirá muita luta nossa para que se torne permanente. Isso é algo que também já está sendo discutido em outros países e a visão dos economistas de fora do Brasil é essa. Então, há paradigmas macroeconômicos que, com certeza, vão mudar depois desta epidemia. Espero que as pessoas tenham a flexibilidade intelectual necessária para levar isso em conta.

2. O capítulo da Constituição de 1988 que trata da seguridade social, em especial da assistência social, pode ser um pilar sobre o qual são erguidas as questões de saúde e proteção social?

Sim, e tem sido assim. Só não tem sido assim da forma como gostaríamos que fosse. Gostaríamos que o sus tivesse mais recursos do que tem, que a nossa capacidade hospitalar fosse maior do que é, que o nosso sistema de proteção social fosse muito mais abrangente. O governo atual é um governo antibens públicos de modo geral. É um governo que se diz pró-Brasil, mas é antibens públicos, o que é um contrassenso. E esse é o governo que vai gerir a crise, do jeito que for, até o final. Não é um governo que vai fazer nenhuma grande transformação na economia brasileira. Na melhor das hipóteses, fará alguma coisa para sustentar a economia. Numa hipótese mais realista, o governo não fará quase nada, que é o que temos visto até agora.

A nossa grande questão é o que vem depois. Para pensar o que vem depois, acho que é importante ter em mente — embora não queira de forma alguma discutir aqui quem deve se eleger ou em quem se deve votar, isso é para cada um decidir por si — quais são os desafios e as questões que estão colocadas diante de nós. Eu tenho falado dos bens públicos — clima, saúde, proteção social e educação — como eixos fundamentais. Para além disso, em termos de industrialização precisamos reorientar a nossa economia para o lado da saúde, melhorar o sus, atender ao que está na Constituição em termos de saúde e de assistência social propriamente dita. Temos que prestar atenção ao que os candidatos vão propor para responder a essas necessidades. Temos que começar a pensar desde agora no que queremos para depois. Porque depois é 2022, não adianta acharmos que será antes.

3. A renda básica pode gerar uma forte pressão inflacionária?
Não, não pode porque, em um momento de colapso de demanda e oferta, não há inflação. Lembrando que a renda básica é exatamente o que o nome diz: uma renda básica. Ela é uma renda baixa. Não se está pagando mundos e fundos às pessoas. Eu, particularmente, até gostaria de poder pagar mundos e fundos às pessoas, mas existem restrições e não se pode fazer tudo o que se quer. Trabalha-se dentro de limites e dentro de restrições. Dentro das nossas restrições, temos o melhor valor possível para esse benefício — R$ 600 é mais da metade do salário mínimo, portanto, é uma renda quase marginal. E essa renda não tem a menor capacidade de gerar inflação. O que essa renda tem capacidade de fazer é sustentar minimamente as pessoas, sobretudo as mais vulneráveis, que é quem precisamos sustentar neste momento, da forma que pudermos.

4. Qual o cenário nos Estados Unidos em comparação com o Brasil?
Nos Estados Unidos foi aprovado em março um pacote de US$ 2 trilhões de medidas emergenciais, muitas na linha das que mencionei neste livro, e nesse pacote tem a instituição da renda básica emergencial. Lembrando que se trata de um governo republicano, com uma linha contrária à intervenção estatal, uma linha de que o Estado não deve ser muito grande, deve se ater apenas a determinadas atividades. Mas, diante de uma situação extraordinária, as cabeças mudaram, evidentemente. Saíram dessa frequência e passaram a operar em outra, onde as medidas emergenciais tomaram o primeiro plano, como tem que ser. O governo que atua é o que passa as medidas emergenciais para o primeiro plano. É isso que está acontecendo nos Estados Unidos.

O Congresso americano é um Congresso dividido. Os Estados Unidos são um país também polarizado. É uma polarização brutal, como se sabe. Mas, mesmo nesse estado de polarização brutal, as coisas estão sendo feitas. Isso vai de encontro ao que está acontecendo no Brasil, onde as medidas, quando chegam, chegam sempre com atraso. O Ministério da Economia demora a se mexer. E, quanto mais continuar assim, pior serão as consequências econômicas para o Brasil.

5. O dólar pode perder força de moeda internacional com as moedas digitais?
Não necessariamente. É possível que em algum momento o sistema transite para isso nos Estados Unidos. Mas, apesar de terem a economia mais rica do mundo, os Estados Unidos são um país extremamente desigual, em que uma parcela da população não tem dinheiro no banco. Então, para que essa ideia de moeda digital se torne viável no Brasil, é necessário bancarizar todas as pessoas, incluir todo mundo financeiramente. Feito isso, seria possível haver um dólar digital. Assim como o iene digital, o euro digital, a libra digital. Essas moedas continuam retendo todas as suas características de origem.

Qual é a característica de origem do dólar digital? É a percepção de solidez da moeda internacional, do dólar. E de onde vem a percepção de solidez? Vem precisamente do fato de todo mundo acreditar que os Estados Unidos são uma economia cujo lastro é garantido. Ou seja, com o poder econômico e o potencial de reação econômica que o país tem, ninguém questiona a capacidade do governo americano de realmente cumprir a obrigação de ressarcir as pessoas no valor da moeda. Então, se a moeda existe em forma física ou em forma digital, como as relações entre Banco Central e Tesouro não mudam o status do dólar como moeda internacional também não mudaria por esse motivo. Pode mudar por outros motivos, não por esse.

6. Investimento público ancorado em saúde e educação: essa é a agenda de que o Brasil precisa?
É, essa é a agenda de que o Brasil precisa. Na área da saúde, como eu dizia, tem muita coisa a ser feita, a começar pelo saneamento básico. Na área da educação, há um mundo novo a enfrentar, o da educação on-line. Eu, como educadora e como professora universitária, estou brigando imensamente com meus alunos universitários e de mestrado. Imagina o que não vai ser para os professores da rede pública, cujos alunos não têm acesso digital? Como será para os professores da rede pública, que, às vezes, não têm nem condições de lidar com isso?

O desafio para a educação no Brasil é imenso. Então, tem que haver investimento nessa área, sem dúvida alguma. Muito investimento, até que o Brasil consiga se adequar a essa realidade de que, inevitavelmente, passaremos por quarentenas intermitentes. Então, as crianças precisam ter uma alternativa. Se elas não estão na escola, como é que elas vão aprender? Corremos o risco de perder gerações de alunos por conta da nossa falta de preparo.

7. Qual vai ser o papel do agronegócio?
O papel do agronegócio já está sendo importante porque o nosso agronegócio é competitivo e internacionalmente reconhecido. Evidentemente, há problemas no setor, mas, de modo geral, o agronegócio brasileiro é um dos melhores setores em nossa economia. O Brasil é um grande produtor de alimentos e de *commodities* primárias. Neste

momento, o país tem um papel relevante na distribuição de alimentos nas cadeias de produção alimentar. A importância do agronegócio no Brasil está aí. O comércio diminuiu. Os volumes estão muito mais baixos. A parada súbita global impacta essas cadeias de produção também. O agronegócio brasileiro vai ser impactado. Mas insisto: nosso agronegócio é competitivo, é o nosso setor mais competitivo. Então, acho que se pode deixá-lo de lado, sem ficar pensando em reprimarização da pauta de exportações, isso é bobagem. E acho que não devemos pensar assim porque o nosso agronegócio, no fim das contas, desenvolve tecnologia. Há muita inovação e dinamismo no agronegócio brasileiro.

8. Existe risco de ocorrer uma armadilha da liquidez, com os juros baixos, no contexto atual?
Armadilha da liquidez, só para quem não sabe, é aquela situação em que os juros estão muito baixos e a economia trava, porque não há investimento, ou o investimento não é suficiente para mover a economia e a economia acaba ficando deprimida. E para resolver isso você precisa geralmente de uma ação forte do governo. Foi o que aconteceu lá atrás, nos anos 1930.

A questão da armadilha da liquidez poderia existir se os governos não estivessem tomando atitudes suficientemente agressivas. No entanto, eles estão tomando. Estamos vendo isso nos Estados Unidos, na Europa. Todos os países que podem estão adotando medidas agressivas tanto do lado monetário quanto do lado fiscal. No Brasil isso não está acontecendo, então, provavelmente, o que veremos aqui será uma queda bem forte do PIB. Essa é a situação que vai acontecer no Brasil, principalmente com um governo inerte, que está fazendo muito pouco.

9. Em setembro de 2019, tivemos a inflação negativa pelos alimentos. É o mesmo que deflação?
Não é. Vamos lembrar. O IBGE conduz, de tempos em tempos, a sua Pesquisa de Orçamentos Familiares. Na POF, como ela é chamada, o que o IBGE coleta são informações sobre o que as famílias consomem de bens e serviços e quanto da renda elas gastam, em média, com esses bens e serviços. Com essa pesquisa extensa, o IBGE revisou a ponderação do IPCA. O que é o IPCA? É um dos índices de preços usados para medir a nossa inflação — aquele que o Banco Central segue. O IPCA é baseado em uma cesta de bens e serviços representativos do que as famílias no Brasil consomem, do que os consumidores compram e em que eles gastam. E a ponderação vem exatamente de quanto da renda você gasta e distribui nessa alocação.

Ou seja, a cada mês você compra tanto de serviços ou de vestuário, tanto de comida. Você gasta tanto em serviços de entretenimento, tanto em viagem ou turismo. E aí você pega isso e transforma numa cesta representativa de consumo e olha proporcionalmente os gastos. É claro que é algo que varia entre faixas de renda. Então, o cálculo que se obtém é uma média ponderada, mas é isso que forma o índice. Como o índice é composto? De diversos bens e de diversos serviços. Você tem vestuário, você tem alimentos, você tem aluguéis, você tem o que paga com educação. Em determinados momentos, você pode ter alguns preços caindo. Então, essa pergunta sobre a queda dos preços dos alimentos em 2019 é uma ilustração disso.

Em 2019 houve queda de preços de alimentos, quer dizer, numa categoria específica. O IPCA, como um todo, que agrega todos esses bens e serviços, não foi reduzido.

Não houve redução de todos os preços na economia. Já quando falamos de deflação, estamos falando de todos os bens e serviços. Falamos de uma queda generalizada de preços. Todos os preços caem. Caem na mesma intensidade? Não. Você vai ter preços de alguns bens e serviços caindo em uma intensidade e outros caindo em outra intensidade, e assim por diante. É assim que é, mas todos estarão caindo, não só um grupo.

Então, deflação é uma coisa generalizada. Categorias de preços que caem aqui e ali, isso é normal. Isso acontece. Isso é do andamento da economia tal como ela opera. Deflação e queda generalizada não são situações normais na economia, tal como ela opera. Deflação e queda generalizada revelam uma situação de absoluto desequilíbrio causada, muitas vezes, por fatores externos, por exemplo, o surgimento de um vírus. É o que a gente está vendo nesta pandemia.

10. Uma inflação vinda da taxa de câmbio é possível, dada a desvalorização que tivemos?
Eu vejo assim: em um cenário onde a crise fosse menos severa e menos aguda do que esta, sim, sempre haveria algum repasse cambial. No entanto, se de fato vamos entrar em um quadro de tamanha insuficiência de demanda, e se, no fim das contas, vamos acabar com um estado de depressão econômica nas mãos, não há como cogitar de repasse cambial nessa situação.

Lembrando que o repasse cambial seria o repasse da desvalorização para os preços, ele depende de a economia estar rodando minimamente para que as empresas possam repassar adiante esse custo, e esse custo seja, afinal, absorvido pelo consumidor na forma de uma inflação mais alta. Se não há consumidor, não há como as empresas repassarem adiante esse aumento de custos, digamos assim. Talvez elas nem tenham esse aumento de custos, porque trata-se de um choque de demanda e de oferta, então muitas empresas que dependiam de importações para produzir também vão deixar de importar. Nesse caso, o câmbio passa a ser algo menos refletido na economia real, certamente refletido nos mercados financeiros, mas menos refletido na economia real. Portanto, os repasses não ocorrem. Eu não vejo risco hoje de inflação proveniente de desvalorização cambial. Aliás, não estamos vendo isso porque o real já vem sendo desvalorizado há bastante tempo e a inflação está baixa. Esse é o quadro hoje.

11. É possível taxar os dividendos dos bancos por lei?
Hoje estamos num momento de crise aguda, não é recomendável tributar quem quer que seja. Nem pessoa física, nem empresas, nem bancos. Simplesmente não é a saída para esta crise, a questão da tributação vem depois. Tenho insistido na inversão da pirâmide tributária. Tenho insistido também em que se deve exigir daqueles que têm mais que paguem mais impostos. Mas, só para lembrar, os bancos pagam uma alíquota de 45% de impostos. É bastante imposto, já que incide sobre os bancos. Ainda assim eles têm lucro, porque o mercado é todo distorcido, mas os impostos sobre os bancos no Brasil já são altos. O ponto não é esse, o ponto é que qualquer tributação, em qualquer entidade neste momento de crise, vai ser prejudicial à economia. No momento de crise! Já na saída da crise, é outra configuração.

É na saída da crise que precisamos insistir e colocar as propostas na mesa, para que a inversão da pirâmide tributária brasileira seja possível. Ou seja, para que se passe a tributar renda, patrimônio, dividendos, herança e grandes fortunas e a desonerar o consumo e a produção. Temos que inverter a pirâmide e tornar a estrutura tributária brasileira totalmente progressiva, com esse foco estreito na renda, no patrimônio e nessas outras fontes, que são fontes de renda e de riqueza para as pessoas que são mais abastadas e deveriam realmente pagar mais impostos do que as outras.

Tributação de produção e consumo, principalmente de consumo, é um tipo de tributação altamente regressivo, que gera um ônus muito grande sobre aqueles que têm menos. O que proponho é exatamente transitarmos desse modelo para outro. A tributação sobre a produção, tão onerosa quanto é no Brasil, também é ruim porque tributa em excesso as empresas, as entidades produtivas, gerando aquele "custo Brasil" elevado.

12. Qual o percentual do PIB que deveria ser gasto neste momento?

Eu fiz uma conta que girava em torno de 4% do PIB, mas, sinceramente, isso é só uma conta. Acho que, hoje, a orientação deveria ser a seguinte: gasta-se o que for preciso, pois é melhor errar para um gasto muito maior do que errar para um gasto muito menor. A situação é grave e exige esse tipo de mentalidade. Então, se o tamanho do gasto tiver que ser de 10 pontos percentuais do PIB, ou de 12, ou de 13, ou de 8, que seja. Não tem muito como estabelecer um número fechado, porque a situação é fluida, grave e longa. Isso é outra coisa que tenho dito insistentemente: esta é uma crise de longa duração, não é uma crise que passa rápido, portanto, por ora não dá para a gente botar uma etiqueta no tamanho desse gasto.

13. Por que precisamos ter um Orçamento separado, ou, como o presidente da Câmara, Rodrigo Maia, colocou, um "Orçamento de Guerra" separado do Orçamento normal, digamos assim, do governo?

A ideia de um orçamento separado é para poder monitorar quais foram os gastos e quais foram as medidas excepcionais tomadas. É uma maneira de fazer a contabilidade fiscal, fazer um monitoramento das contas públicas, sem misturar gastos que já iam ser feitos mesmo e gastos extraordinários, que serão feitos agora por conta da epidemia e da crise econômica.

É uma ideia válida porque dá clareza, dá transparência à política fiscal e permite inclusive que nós, cidadãos, possamos ir ao Portal da Transparência e checar a magnitude de cada medida, do que se trata em termos de gastos, seja para a saúde, seja para a Renda Básica Emergencial, para um plano de subvenção às empresas, para que elas mantenham os empregos, enfim, uma série de iniciativas que precisam ser feitas. Portanto, o "Orçamento de Guerra" é bom por isso, dá clareza à política fiscal, oferece transparência e nos ajuda a ter uma noção do que o governo está fazendo. Está sendo chamado de "Orçamento de Guerra", mas "Orçamento de Pandemia" seria mais apropriado. Enfim, é disso que se trata.

14. A nossa economia está mais uma vez extremamente dependente de bens primários. Isso não nos prejudica na retomada? Como estabelecer uma agenda que vá além da criação de obras de infraestrutura?

O Brasil é um país que passou por um processo de desindustrialização, como tantos outros. Ao nos desindustrializarmos, passamos a ser, naturalmente, mais dependentes do agronegócio e das *commodities*, matérias-primas primárias. Isso é ruim? Não necessariamente. Lembrando que um dos itens mais importantes para todos, que é a questão relativa à segurança alimentar, tem sido pouco discutida nesta crise, principalmente no que diz respeito aos países emergentes e, em especial, ao Brasil.

A crise atual é inédita em muitos sentidos e um deles é que várias cadeias de produção estão abaladas. É uma crise de demanda e uma crise de oferta. A demanda está mais abalada do que a oferta, sim, mas também há abalos do lado da oferta. Então, há diversas cadeias de produção severamente abaladas. E as cadeias de produção de alimentos e de distribuição de alimentos já foram abaladas. A questão da segurança alimentar no mundo, hoje, está extremamente presente. Alguns países estão pensando mais nisso do que outros, mas ela é extremamente presente.

O que isso significa para o Brasil neste momento? Significa que sermos produtores de alimentos e de matérias-primas agrícolas, *commodities* agrícolas, nos torna valiosos para o mundo. Claro que o governo de Jair Bolsonaro não é bem percebido, pelo contrário, é muito mal percebido no mundo inteiro. Mas não vejo a dependência do Brasil na exportação de *commodities*, principalmente de *commodities* primárias, como algo ruim para o país, principalmente agora.

Para a recuperação, a nossa economia terá que se reorganizar em torno da realidade nova que vai surgir e das necessidades do sistema de saúde. Talvez impulsionar a industrialização, o processo de reindustrialização no Brasil, seja uma maneira. Muita gente está pensando nisso. E muita gente está não só pensando como implementando. Existe o trabalho espetacular da Thabata Ganga, jovem engenheira biomédica que está dirigindo um grupo atuante na área de equipamento de saúde. Está tentando chegar à indústria. Todo esse esforço de reorientar a economia para a saúde precisa de escala, de produção em massa. Não acho ruim, de maneira nenhuma, o Brasil ser exportador de *commodities*, nem acho ruim que hoje essa dependência possivelmente tenha se tornado maior. Só acho que isso não impede nem limita um processo de reindustrialização.

2

A PILHA DE AREIA

No momento em que percebi a gravidade da epidemia que começava a se alastrar pelo mundo — e que seria declarada pandemia pela Organização Mundial da Saúde —, entendi a importância de pensarmos e discutirmos abertamente como essa conjunção inédita de crises nos abalaria e quais seriam as soluções disponíveis. Refletir sobre esse estado de coisas me pareceu especialmente importante porque a pandemia colocava economistas diante de uma crise econômica de causa estranha à economia.

Quem acompanhou a série de transmissões "Economia em tempos de pandemia", que comecei a fazer periodicamente pelo YouTube desde 12 de março de 2020, participou comigo de uma travessia difícil. A meu ver, era uma travessia inevitável e transformadora, por entender a ruptura que a disseminação de um vírus estava provocando na ordem da vida global e a magnitude das medidas econômicas a serem tomadas para que os países pudessem lidar com as consequências dessa epidemia.

A ruptura é provocada por um novo coronavírus, o SARS-CoV-2, que tem afetado o sistema de saúde dos países, as sociedades nacionais, a circulação global, a política e a economia como um todo, anunciando um outro mundo, com o qual teremos que nos haver. Como disse em outro ponto do livro, não há como saber se esse outro mundo será radicalmente diferente do anterior ou se terá mais continuidades do que descontinuidades em relação a ele. Mas será outro, diferente, em função das nossas experiências individuais e compartilhadas no tempo que a pandemia instaurou, um tempo espesso, e em função das fissuras no real que ela me parece ter aberto. Nesse sentido, a pandemia nos deu a oportunidade de ver a realidade de uma forma diferente, de enxergar aspectos talvez menos visíveis e imaginar de forma menos regulada outros mundos possíveis. Penso, por exemplo, que essa situação tem nos forçado a refletir sobre a economia com um olhar sobre a saúde pública, a ciência, a medicina.

Este livro reúne o que tenho pensado e discutido em diferentes meios de comunicação a respeito dos efeitos da pandemia e das medidas necessárias para que vidas não se percam, o que inclui adotar medidas adequadas na economia. Também é, em alguma medida, uma resposta às questões e aos acontecimentos que se apresentaram conforme a pandemia seguia seu curso, exponencial, envolvendo um conjunto de atores: cientistas, economistas, governos, movimentos sociais e a sociedade como um todo. Em diferentes ocasiões, tive a oportunidade de dialogar com alguns deles, e essas trocas, elaboradas depois em pensamento, mudaram meu olhar sobre a economia e a vida pública, algo que nos diz respeito a todos.

Não me canso de repetir: está tudo entrelaçado. A relutância que vemos no Brasil em aceitar a realidade tal como ela se apresenta e em lhe dar respostas adequadas tem deixado um rastro nefasto com o qual teremos de lidar. A economia se recupera, vidas perdidas, não. Tal relutância do governo brasileiro apareceu já nos primeiros meses da pandemia, de forma inequívoca e espantosa: em discursos e ações, em declarações negacionistas, em omissões com resultados conhecidos e em ações sabidamente inadequadas e dissonantes de outros países, como o pagamento da Renda Básica Emergencial por apenas três meses. Essa relutância, porém, também assume formas mais sutis e subliminares, que são mais difíceis de perceber para quem não conhece um pouco o funcionamento da economia.

E é importante entender que a economia é uma dimensão da catástrofe humanitária que, a esta altura, já se abateu sobre o Brasil. Se olharmos um pouco para trás, veremos, por exemplo, o ministro Paulo Guedes falando em uma coletiva de imprensa, em abril, de temas como agenda de reformas, propondo que elas já seriam importantes de serem implantadas a partir do segundo semestre deste ano. É preciso parar para pensar a respeito. Levando a sério o que o ministro disse, parece difícil negar que a sua expectativa era completamente descolada da realidade: ele esperava que a pandemia, à época no pé da montanha no Brasil, fosse desaparecer em dois meses. Ou seja, chegando em julho, agosto e setembro, no segundo semestre de 2020 já não teríamos mais que lidar com a gravidade do problema.

É difícil saber o que o ministro pensava quando resolveu falar sobre reformas e medidas de austeridade em meio a um acontecimento mundial de consequências catastróficas. Também não sei o que ele pensava quando, na mesma época, resolveu defender as privatizações como a salvação do Brasil. Mas, ainda que não dê para saber o que se passava em sua cabeça, podemos interpretar seu discurso e apreender seu sentido. Ao falar sobre privatização, agenda de reformas, PEC Emergencial, ele tinha em mente um Brasil e um mundo anteriores àqueles que existiam antes de ter início a série "Economia em tempos de pandemia". No mundo de agora, logo, no mundo em que o ministro se dirigiu aos brasileiros, a pandemia não desaparece rapidamente. Muito pelo contrário: o número de contaminados no país passou de cerca de 85 mil (no fim de abril) para mais de 2 milhões, num intervalo de pouco mais de três meses.

Naquele fim de abril, também saía um dos relatórios publicados periodicamente pelo Imperial College, indicando que o Brasil seria em breve o novo epicentro da pandemia de Covid-19. Hoje sabemos que o Brasil é o segundo país com o pior desempenho na pandemia, atrás apenas dos Estados Unidos. Num quadro em que o mundo está abalado e o Brasil já está em patamar aterrorizante, é incompreensível que o governo esteja concentrando esforços em uma agenda de ajuste fiscal. Vamos lembrar que, mesmo que os países façam tudo corretamente, no momento em que chegam à condição de epicentro da pandemia—como ocorreu com a Itália, a Espanha e, depois, os Estados Unidos—o número de pessoas contaminadas é alarmante. Os hospitais começam a ficar sobrecarregados. Milhares morrem todos os dias. E o foco das atenções é só esse, não existe espaço para nenhum outro.

Os mercados podem subir como se nada estivesse acontecendo, como fazem periodicamente quando se pronuncia a palavra "reforma". Por sinal, isso é algo que tem que ser analisado: como as reformas chegaram a ser o que são hoje no debate público brasileiro, o que isso diz do lugar do mercado, cujos humores parecem oscilar em função delas na democracia brasileira? Mas as respostas a essas perguntas não mudam a realidade. Os corpos continuam se amontoando. Os hospitais continuam sobrecarregados. As pessoas continuam em risco — até mesmo aquelas que se orientam no mundo por essa agenda.

No dia seguinte ao seu pronunciamento, porém, o ministro Paulo Guedes mencionou um cenário em que eventualmente o Brasil poderia monetizar déficits sem risco inflacionário. São cenários em nada compatíveis entre si. Aí tentamos entender. Para poder falar de privatização, de reformas no segundo semestre, qual seria o quadro na cabeça dele? E o que teria mudado em menos de 24 horas, para que ele pudesse pensar em monetizar déficits? Vamos tentar aprofundar um pouco essa reflexão (*ver Imagem 23*).

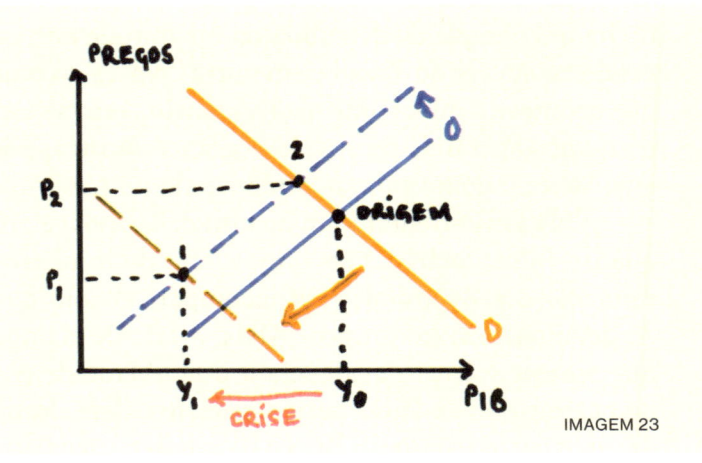

IMAGEM 23

A Imagem 23 traz um gráfico de demanda e oferta. A reta azul é a oferta e a reta laranja é a demanda. Se imaginarmos que, antes da crise, estávamos com uma oferta e com uma demanda representadas pelas linhas cheias, a crise causou um choque de oferta deslocando a reta azul cheia na direção da linha azul pontilhada. E ela é, ao mesmo tempo, um choque de demanda, ao deslocar a reta laranja cheia na direção da pontilhada. Nesse gráfico, temos preços no eixo vertical e PIB no eixo horizontal. O que acontece com os preços quando se sofre esse choque, quando as retas se deslocam e passam a ser as pontilhadas?

O ponto em que a demanda e a oferta, grosso modo, se encontram, isto é, o ponto em que a economia se equilibra (é um tanto artificial dizer isso, mas vamos supor que exista um equilíbrio) é um ponto em que o nível de preço (eixo vertical) é muito menor do que seria se tivéssemos só um choque de oferta, sem o choque de demanda. Não dá para ver com tanta clareza aqui, mas mesmo que tivéssemos um equilíbrio original, o nível de preços no ponto 1 seria maior do que o nível de preços no ponto 2. Quando há um choque de demanda da magnitude que estamos vendo acontecer no Brasil e em outras partes do mundo, o que acontece é um choque deflacionário. Tem-se uma queda do nível geral de preços. Esse gráfico mostra, portanto, algo sobre o qual venho falando há algum tempo.

O Brasil enfrentará um quadro deflacionário, não um quadro inflacionário. Portanto, a fala do ministro sobre reformas e privatizações era incompatível com a realidade demonstrada no gráfico. Aliás, a fala de economistas que temem inflação evidencia a dificuldade de entender ou aceitar que existam outros cenários além do inflacionário. É verdade que o Brasil só conhece cenários inflacionários, mas o cenário adiante é de queda generalizada do nível de preços. A dificuldade parece residir, em parte, na forma como os economistas constroem a relação entre passado e futuro e na fragilidade dessa forma, quando o futuro pode não ser uma continuidade do que passou, ou seja, pode se apresentar de modo imprevisível. Pelo ímpeto com que lança a imprevisibilidade no centro de nossas vidas individuais e coletivas, a pandemia nos convida a pensar o lugar da previsibilidade na economia e a relação dos economistas com ela. Porque é esse o cenário que vamos enfrentar, e é bom que imaginemos logo como vamos reagir. A fala seguinte do ministro, ao contrário, era compatível com a situação deflacionária ou de risco deflacionário. Quando se tem uma situação de risco deflacionário, pode-se monetizar à vontade sem gerar inflação alguma. E, se o processo é bem-sucedido, consegue-se conter o risco deflacionário.

Como já dito em outros capítulos, a espiral deflacionária é muito prejudicial porque gera uma espécie de efeito endógeno, em que as quedas da demanda persistem pelo mecanismo das expectativas. Era sobre isso que os economistas deveriam estar pensando mais neste momento. Como vai se manifestar a espiral deflacionária no Brasil? Como vamos pensar em contê-la? Como vamos conter uma situação de quedas de preço? Por que quedas de preço podem, à primeira vista, parecer algo positivo e, no fim das contas, não ser? Quando se entra na espiral de queda, aumenta-se a fragilidade do balanço das empresas, que começam a ficar à beira da insolvência, uma vez que dependem da venda dos seus produtos para ter receita e essa receita se transforma, ao longo do tempo, em uma espécie de ativo acumulado.

Tudo isso tem repercussões para a economia inteira. As empresas precisam demitir, a taxa de desemprego sobe, o consumidor perde mais capacidade de consumo e, diante dessa perda, os preços caem ainda mais. E assim por diante. É uma saída do equilíbrio que não se limita a si mesma. Ela só é contida por intervenção do governo. Que tipo de intervenção? Intervenções no sentido de sustentar a economia: com gasto, com monetização. São medidas que o Brasil jamais adotaria ou que parecem ser completamente equivocadas, mas que, numa tal situação extraordinária, elas passam a ser não só aceitáveis, como também necessárias.

O curioso é que o ministro percorreu polos tão opostos no intervalo de apenas um dia. A primeira consequência dessa discrepância é que ficamos sem saber qual é realmente a orientação da política econômica. Mudanças de opinião podem ser sinal de que se refletiu sobre as próprias ideias, dogmas, crenças, ou preconceitos; porém, no intervalo de um dia, elas também sugerem, na melhor das hipóteses, descompromisso com o que se fala em público, ou desorientação. Podemos perceber certa desorganização da orientação da política econômica agora; mas o que ela significa para o futuro? Em qual dos cenários o ministro acreditava então? Não é possível acreditar nos dois simultaneamente, e o conjunto de suas falas públicas acaba tornando sua palavra opaca, que é o contrário do que cabe a um ministro de Estado.

Flexibilização do teto

Outro ponto que esteve em debate permanente no mesmo período foi o teto de gastos. Escrevi um artigo para *O Estado de S. Paulo* a respeito do tema que gerou celeuma ("Flexibilizar o teto, já", 29.4.2020). É bom que gere, pois este é o momento de travarmos discussões construtivas e muitas vezes elas começam pelo atrito. A celeuma tinha por objeto o argumento de que a pandemia torna necessário flexibilizar o teto. O teto, como Élida Graziane e eu procuramos esclarecer em nossa conversa incluída neste livro, transformou-se em uma espécie de tabu e, ao mesmo tempo, de fetiche para muitos economistas brasileiros, que o tratam como algo "imexível".

O teto de gastos não é "imexível", e a maior prova disso é que ele foi flexibilizado em 2019, quando houve a cessão onerosa. Trata-se, como dissemos em nossa conversa, de uma emenda constitucional, e não de uma cláusula pétrea, ou seja, uma daquelas disposições constitucionais que não podem ser alteradas de forma alguma, nem mesmo emendando a Constituição. O status do teto de gastos é de norma constitucional, ele não é como: (a) a forma federativa; (b) a separação dos Poderes; (c) o voto direto, secreto, universal e periódico; e (d) os direitos e garantias individuais, conforme previsto no artigo 60, parágrafo 4º, da Constituição.

Sabemos hoje que vamos precisar de mais gastos em 2021 e não podemos fazê-los com crédito extraordinário, porque esse expediente não está previsto no teto. A situação de emergência, que torna a flexibilização possível, expira no dia 31 de dezembro de 2020. Se precisarmos fazer mais gastos, precisaremos dessa margem. Nessa situação, o teto pode se mostrar antes uma ameaça à implementação de direitos.

Os estados e os municípios estão com extrema dificuldade. O dinheiro não tem chegado até eles como deveria por razões políticas. Há risco de que serviços essenciais parem de funcionar, e é evidente que isso ameaça a população. O quadro é esse. Nesse quadro, precisamos de um teto que acomode as medidas a serem tomadas. Acomodando essas medidas conseguimos, de certa maneira, afastar ou ao menos diminuir o risco de deflação. É disso que se trata e vai se tratar a perder de vista.

Não é realista a hipótese de que a pandemia desaparecerá do mapa, como parecia pensar o ministro Paulo Guedes e como o presidente Donald Trump também sugeria no início de março. Realista é trabalharmos baseados na hipótese de que a pandemia não desaparecerá tão cedo e lidarmos com isso com a lucidez e a determinação necessárias.

O tamanho do rombo orçamentário

Outro tema recorrente no debate público de março para cá foi o rombo orçamentário. Entre abril e maio, o Tesouro já estimava um rombo entre R$ 600 bilhões e R$ 700 bilhões. O rombo pode ser até maior. Isso se traduz em dívida, em grande parte porque o financiamento para que os gastos que geram esse déficit seja feito virá de emissão de dívida. O que vai acontecer com a razão dívida/PIB do Brasil?

Essa razão depende da metodologia usada para o cálculo, se a do FMI ou a do Banco Central. A dívida calculada pelo FMI inclui a dívida bruta do governo, as operações compromissadas. O cálculo do Banco Central exclui as operações compromissadas. Então, quando olhamos para a dívida bruta calculada pelo FMI e calculada pelo Banco Central, a segunda é menor. A diferença reside nas operações compromissadas, que o Banco Central e o Tesouro do Brasil dizem que não devem entrar e o FMI, para efeito de comparação com outros países, diz que devem, porque, afinal, elas tratam de títulos do governo que estão sendo negociados. E, em sendo títulos do governo, isto é, dívida do governo, têm de ser contabilizados.

Para mim, tem sentido o cálculo do FMI. Por essa métrica, a nossa razão dívida/PIB está perto dos 85% do PIB real. É alta, mas ela já estava mais ou menos nesse patamar há algum tempo, logo, não é novidade. Se o nosso rombo for o projetado pelo governo ou maior, ocorrerá que, até meados do ano que vem, talvez um pouco antes, a nossa dívida/PIB chegue a 100% do PIB. Significa que o país vai quebrar? Que o Brasil vai declarar moratória? Vai ser um desastre? Vai ser um horror? Não. O Brasil emite toda essa dívida em reais. Isso é uma imensa vantagem, principalmente quando em comparação com outros países emergentes, como a Argentina, porque ter capacidade de emissão em sua própria moeda significa não precisar contar com recursos externos de ordem alguma para se financiar.

Países que precisam de dólares para financiar gastos são países que, no fim, têm grande parte da dívida em dólares. Digamos que eles precisem ficar rolando essa dívida em dólares: precisarão da boa vontade dos investidores estrangeiros para rolar essa dívida em dólares. Se essa boa vontade não existir por razões diversas, inclusive por aversão ao risco, esses países acabarão sofrendo uma crise de balanço de pagamentos e tendo que recorrer a um tipo de financiador de última instância, o FMI. Essa é a situação que está posta para muitos países emergentes e para alguns países latino-americanos, mas não para o Brasil.

O Brasil só depende do Banco Central, e de mais ninguém, para suprir a sua moeda para si mesmo. Então, em última análise, podemos até, como já foi dito aqui, monetizar parte dessa dívida. Essa monetização nada mais é do que emitir moeda e pagar um pedaço da dívida. Ela se aplica sobretudo se estivermos em um cenário de deflação ou próximo de deflação, que é um cenário em que esse tipo de operação não causa um caos inflacionário, como causava no passado, principalmente na década de 1980, quando o expediente era mal usado.

Eu hoje não tenho grandes preocupações com a dívida/PIB brasileira. A dívida/PIB brasileira vai ser o que tiver que ser para que possamos dar sustentação à vida das pessoas. O Brasil não será o único país a ver essa dívida explodir. Todos os países verão as suas dívidas explodirem. É inevitável.

Pela métrica do FMI, o Brasil tinha uma dívida elevada em comparação com a de seus pares emergentes. Na saída desta crise, todo mundo vai estar com a mesma cara do Brasil, sendo que alguns países vão estar com uma dificuldade imensa de pagar suas dívidas, porque não terão capacidade de monetização. Na realidade, tudo é de fato relativo. Não adianta olhar para o país em termos absolutos e dizer: "Está um horror." Está um horror em relação a quê? O Brasil está um horror porque a dívida de todo mundo é menor do que a nossa. Então, a afirmação é relativa à dívida dos outros. O Brasil está um horror porque a dívida brasileira é muito mais elevada do que a dívida chilena. Então, é em comparação com a dívida chilena.

Se, na saída da crise, esse relativo não for tão gritante, se todo mundo estiver com uma razão dívida/PIB acima de 100%, o horror não se configura. Pelo menos não dessa forma. Muda a relação. O relativo vai ser o Brasil ter dívida de 100% do PIB. Mas a Coreia e o México também têm dívida de 100% do PIB.

É verdade que outras questões entram em um cômputo mais geral, como a capacidade de executar a política e a capacidade mesma do sistema político, a solidez institucional do país. Todas essas variáveis contam. Mas, tomando uma só, que é uma espécie de fetiche no Brasil, essa história da dívida/PIB: todo mundo vai estar com dívida/PIB elevada. Então, todo mundo vai estar com os mesmos tipos de problema e desafios, e o Brasil, nesse aspecto, estará melhor do que muitos países emergentes por ter essa capacidade de financiamento em moeda própria.

Para resumir, não vejo essa situação com os mesmos olhos de outros economistas. Não me assusta hoje, dado o tamanho e a gravidade da crise, não me assusta em nada o Brasil chegar a uma dívida/PIB de 100%. Vai chegar. E depois terá que resolver. O que é importante nessa história toda é saber que os países não acabam por causa de dívida alta, e acho que há economistas que se esquecem disso.

Se quisermos fazer uma espécie de traço histórico, o momento em que os países tiveram dívidas mais elevadas foi depois de guerras. Todo mundo estava com dívidas extremamente elevadas no pós-guerra. Esses países acabaram? Não. E a capacidade de sair da dívida é maior quando ela é emitida na própria moeda. Essa é uma vantagem importante e serve para contemporizarmos argumentos mais alarmistas.

O cenário deflacionário, por exemplo, não é um cenário alarmista, é um cenário realista. E é bastante duro e difícil. Quanto à razão dívida/PIB, ela não me preocupa, pois haverá financiamento para dívida.

E quanto à retomada?

Minha premissa é que a retomada e a reaceleração da economia vão depender de uma ação coordenada entre países. Se essa ação coordenada vai acontecer ou não, é outra história. Mas creio que muitos países vão tomar a iniciativa da coordenação. Por isso, reitero, a flexibilização do teto de gastos é necessária para que seja dado o impulso nas economias por meio de investimento público — em particular, investimento em infraestrutura. Diversos países da Europa já estão discutindo o assunto e vão seguir esse caminho. Essa discussão deveria existir também no Brasil de forma consistente, pois, sem dúvida alguma, a capacidade de investimento público em infraestrutura será fundamental.

O Estado precisará ter uma participação maior, tanto durante a pandemia quanto depois. É essa a tendência. Não vai ter como o Estado sair de cena, uma vez que, depois que a fase aguda da crise passar, entraremos numa fase mais crônica, que exigirá muita sustentação por parte do Estado, em particular na área de saúde. O meu temor em relação ao Brasil é que não gastemos o que deveríamos na saúde e percamos ainda mais tempo falando de temas como reforma e privatização.

Para entender o drama que é não ter um sistema universal de saúde—que nós temos e precisamos preservar—, basta olhar para os Estados Unidos, onde o sistema não é público, mas privado. O que acontece com um sistema de saúde completamente privado durante uma pandemia é que as pessoas vão para os hospitais, algumas têm plano de saúde e outras não. Os hospitais, evidentemente, precisam atender a todos, os serviços de emergência estão desenhados para isso. Mas aqueles que não dispõem de um plano recebem contas estratosféricas, se tiverem sobrevivido à doença. Essas pessoas não têm capacidade de pagar, e há inadimplência. Então, neste momento, temos uma pandemia com impacto financeiro extremamente negativo sobre o sistema de saúde americano. A situação que existe hoje nos Estados Unidos não é sustentável e levará o país a discutir o sistema público de saúde ou a adoção de algum tipo de sistema híbrido, público-privado.

No fim de abril, foi divulgado o PIB americano no primeiro trimestre com uma queda de 4,8%, uma das maiores já registradas no país. Esse percentual foi revisto em junho e subiu para 5%. Agora, considere o seguinte: o primeiro trimestre corresponde, claro, a janeiro, fevereiro e março, e a pandemia chegou aos Estados Unidos somente em março. Em dois desses três meses, a economia estava andando normalmente e, mesmo assim, houve uma queda de 5%. Estou mencionando isso porque existe aqui uma relação direta com a saúde.

Nos Estados Unidos, quando o Bureau of Economic Analysis, correspondente ao IBGE no Brasil, faz o cálculo do PIB, também faz uma espécie de contabilização dos diversos setores e de quanto eles contribuíram para o número apurado. No primeiro trimestre de 2020, a conta que mais me chamou a atenção foi a que mostrou que, dos 4,8 pontos percentuais de queda, 2,25 se referiam a um encolhimento na área de saúde. Isso já dá uma dimensão do que vai acontecer no Brasil. Na verdade, vai ser pior. Vai ser na ordem de 9%. Vai ser bastante dramático. Então, para nós, a participação do Estado na saúde continuará sendo fundamental. Vai estar muito evidente por que é fundamental.

Quando comecei a série "Economia em tempos de pandemia", havia menos de 100 casos registrados no Brasil e nenhum óbito decorrente da Covid-19. Ao terminar de escrever este livro, quatro meses depois, havia mais de 2 milhões de casos e mais de 85 mil mortos. As pilhas de areia crescem e desmoronam—às vezes em enormes avalanches.

RUTU

PRA

© MONICA BAUMGARTEN DE BOLLE, 2020

ORGANIZAÇÃO E EDIÇÃO DE TEXTOS
MANOELA SAWITZKI

PREPARAÇÃO
KATHIA FERREIRA

REVISÃO
EDUARDO CARNEIRO
WENDELL SETUBAL

PROJETO GRÁFICO DE CAPA E MIOLO
CLAUDIA WARRAK

[2020]
TODOS OS DIREITOS DESTA EDIÇÃO RESERVADOS À
EDITORA INTRÍNSECA LTDA.
RUA MARQUÊS DE SÃO VICENTE, 99, 3º ANDAR
22451-041–GÁVEA
RIO DE JANEIRO–RJ
TEL./FAX: (21) 3206-7400
WWW.INTRINSECA.COM.BR